Einmal Dividende bitte!

Wie Du mit einer cleveren Aktienstrategie an der Börse Geld anlegen und ein Vermögen aufbauen kannst (auch als Anfänger mit wenig Kapital!)

von Jens Helbig

Bibliografische Information der Deutschen Nationalbibliothek

Die Deutsche Nationalbibliothek verzeichnet diese Publikation in der Deutschen Natio-nalbibliografie; detaillierte Daten sind im Internet abrufbar über: > http://dnb.dnb.de <

Für Fragen und Anregungen:

jens@indie-bücher.de

Einmal Dividende bitte!

1. Auflage, 2017

© by GbR - Christopher Klein & Jens Helbig

Kirschgartenstr. 13, 90419 Nürnberg

Ein Imprint der

KLHE

GbR - Christopher Klein & Jens Helbig

Hortensienstraße 26, 40474 Düsseldorf

Verantwortlich für gewerbliche Dienste.

Buchsatz und Cover: Jens Helbig

Lektorat & Korrektorat: Angelika Helbig, Cornelia Jahnke, Christopher Klein

Illustration: Stefan Valerio Meister

ISBN-13: 978-3-947061-14-3

Weitere Informationen findest Du unter

www.geldsystem-verstehen.de

www.amazon.de/-/e/B00LPWD4VY

IndieBücher

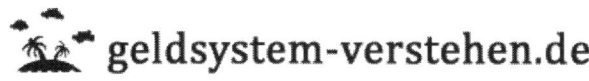 **geldsystem-verstehen.de**

Trage Dich für unseren kostenlosen Finanz-Newsletter ein und nimm Deine Finanzen in die eigenen Hände!

Wir schicken Dir wichtige Infos und Tipps im Finanzbereich (z.B. wie Du passives Einkommen und Vermögen aufbaust), tolle Angebote und Aktionen (z.B. unsere neuen Bücher zum Druckkostenpreis oder zu unseren Finanzkursen) und praktische Downloads (z.B. „Persönliche Finanzplanung in 5 Schritten", „Vergleich der 7 besten Depotanbieter", „Vergleich der besten P2P Plattformen" oder „41 Wege, passives Einkommen zu generieren").

Tage Dich ein unter:
www.geldsystem-verstehen.de/finanziell-frei-werden

Ich würde mich freuen, Dich bei uns begrüßen zu dürfen!

Unsere Finanzkurse
Außerdem möchte ich Dir als Leser meines Buches gerne einen €5,- Gutschein für unsere Finanzkurse geben. Dieser lautet:

FINANZ-5

Damit erhältst Du auf unserer Kursseite den genannten Rabatt. Wir bieten dort kostenlose, als auch kostenpflichtige Kurse zu verschiedenen Finanzthemen an. Schau doch einfach mal vorbei: https://elopage.com/s/chrisundjens

Dieses Buch widme ich meinen Großeltern
Oma Christel und Opa Hans.
Vielen Dank für Alles!

Inhaltsverzeichnis

Einleitung

„Es gibt tausend Möglichkeiten, Geld loszuwerden, aber nur zwei, es zu erwerben: Entweder wir arbeiten für Geld – oder das Geld arbeitet für uns."
-Bernard Mannes Baruch

Warum soll ich mein gut verdientes Geld an der Börse aufs Spiel setzen? Aktien sind gefährlich und ich kann meine ganze Investition verlieren! So oder ähnlich scheinen 86% der Deutschen über 14 Jahre zu denken, denn diese sind nicht - weder direkt, noch indirekt - in Aktien investiert.[1]

Ein weiterer Grund dieses Zustandes könnte die Annahme sein, man bräuchte wahnsinnig viel Geld, um in Aktien zu investieren. Dabei findet jeder, der sich für das Thema interessiert, schnell heraus, dass man bereits ab 25 Euro im Monat in einen Aktien-ETF[2] investieren kann.

Warum also diese extreme Zurückhaltung? Wer sich ein anständiges Vermögen aufbauen möchte, der kommt um die Aktie nicht herum!

Insbesondere nicht in Zeiten von extrem niedrigen Leitzinsen und exorbitanten Ankaufprogrammen der führenden Zentralbanken weltweit. Diese haben bis dato zu einer Inflation der Vermögenswerte - im Fachjargon „Asset-Price-Inflation" - geführt. Gleichzeitig werden fleißige Sparer, die ihr Geld brav auf ein Tages- oder Festgeldkonto gelegt haben, heimlich enteignet. Die mickrigen Guthabenzinsen, wenn man überhaupt welche bekommt, können dabei schon mit der offiziellen Inflation nicht mithalten. Im Ergebnis verliert der Sparer regelmäßig an Kaufkraft.

---

[1] Infratest-Umfragen im Auftrag des Deutschen Aktieninstituts.
[2] ETF steht für „exchange traded fund" und bedeutet börsengehandelter Fonds.

Meine eigene Beziehung zu Aktien habe ich meinen Großeltern zu verdanken. Mein Großvater hatte schon recht früh angefangen, mit Aktien zu handeln. Dabei war er selbst überhaupt kein Börsenexperte, sondern hat lediglich einen Teil seiner Früchte Arbeit regelmäßig in den deutschen Aktienmarkt investiert. Sein Credo: „Sparen und investieren".

Wer das Rendite-Dreieck des Deutschen Aktieninstituts[3] kennt, der weiß, dass wer Aktien des DAX innerhalb der letzten 50 Jahre für mindestens 13 Jahre gehalten hat, keine Verluste machen konnte – egal zu welchem Zeitpunkt er nach den 13 Jahren verkaufte.[4] Nichtsdestotrotz wurden Aktien zum privaten Hobby meines Großvaters und so kaufte er eben immer mal wieder auch Aktien für mich ein.

Du kannst Dir vielleicht mein überraschtes Gesicht vorstellen, als er mir im Alter von 18 Jahren mitteilte, dass er ein kleines Depot für mich angelegt hatte. Die Aktien, übrigens alles Werte aus dem DAX, waren sogar beachtlich gestiegen. Ab dem Tag war ich für das Thema Aktien und Geldanlage sensibilisiert.

Es sollte jedoch noch eine ganze Weile dauern, bis ich tatsächlich anfing, auch selber mit Aktien zu handeln und eigenes Geld zu investieren. Über die Jahre konnte ich sehr viele wertvolle Lektionen von meinen Großeltern über unterschiedliche Geldthemen und die Börse lernen. Aber auch während meiner Tätigkeit als Junior Portfoliomanager in einem Düsseldorfer Family Office bekam ich kostbare und differenzierte Einblicke in die Welt der Finanzen.

Ich möchte Dich mit diesem Buch dazu animieren, Dich aktiv mit Deinen persönlichen Finanzen auseinanderzusetzen und Aktien unbe-

---

[3] Quelle: http://bit.ly/2jEp4fi (URLs werden in gekürzter Form dargestellt)
[4] Der Deutsche Aktienindex (DAX) existiert erst seit dem 1. Juli 1988. Die Ergebnisse der Vorjahreszeiträume wurden rückwirkend berechnet und eine Startmarke von 1.000 Punkten für den 30.12.1987 festgelegt.

dingt als potentiell lohnenswertes Investment mit in Deine Anlageentscheidung einzubeziehen.

Für Fragen stehe ich Dir gerne unter jens@indie-bücher.de zur Verfügung. Viel Erfolg und Spaß beim Lesen!

Jens Helbig

Deine Formel zur finanziellen Freiheit

*„Wir können den Wind nicht ändern, aber wir
können die Segel richtig setzen."*
- Aristoteles

Wozu überhaupt das Ganze? Warum soll ich mein Geld investieren? Mit dem Kauf dieses Buches hast Du schon einen wichtigen ersten Schritt in Richtung finanzieller Freiheit getan. Viele Menschen beschließen leider, dass dieses Thema nichts für sie ist und beschränken dadurch ihre (finanziellen) Möglichkeiten enorm!

Das große Geheimnis ist jedoch, dass jeder sofort damit anfangen kann, Vermögen zu bilden. Oftmals sabotieren wir uns aber selbst und finden Ausreden dafür, es eben doch nicht zu tun, beziehungsweise diesen Gedankengang noch nicht einmal zu Ende zu denken:

- Ich verdiene eh nicht viel.
- Vermögensaufbau ist nur etwas für Reiche.
- Da kümmere ich mich 'drum, wenn ich Geld habe.
- Was gibt es da zu verstehen? Entweder ich habe Geld oder nicht.
- Ich habe doch schon ein paar tausend Euro auf dem Sparkonto.
- Keine Zeit.
- Keine Lust. Ich bin doch kein Banker.
- Die Materie ist mir zu schwierig.

Schluss damit! Solche Gedankengänge gehören ab sofort der Vergangenheit an und haben in unserem Kopf nichts verloren!

Finanziell frei werden kann jeder, der die finanziellen Grundgesetze versteht, nach denen auch meine Großeltern gelebt haben. In den folgenden zwei Konzepten steckt ein fundamentales Verständnis über die

Funktionsweise unseres herrschenden Geldsystems.[5] So simpel die Gesetze zwar sind, desto schwieriger ist es, sie konsequent zu befolgen.

---

[5] Siehe auch zur Funktionsweise des Geldsystems: *Tag auf Tag im Hamsterrad*

Finanzielles Grundgesetz #1

Bei dem ersten finanziellen Grundgesetz geht es vor allem um den hoffentlich auch Dir bekannten Spruch[6]:

Weniger ausgeben als man einnimmt.

Was steckt hinter dieser Weisheit? Wenn ich weniger ausgebe, als ich einnehme, dann spare ich. Auch für meinen Opa ist diese Devise in Fleisch und Blut übergegangen, so dass er mir immer zeigte, zu jeder Gelegenheit zu sparen und sich nur diejenigen Dinge zu leisten, die man auch wirklich braucht.

Für Deine Vermögensbildung gilt dementsprechend folgende Formel:

Vermögensbildung = (Einnahmen – Ausgaben)*Zinsen

Die (Einnahmen - Ausgaben) stellen Deine Ersparnisse dar und Zinsen ist der Zinssatz, mit dem Du diese Ersparnis verzinst. Legst Du sie beispielsweise unters Kopfkissen (oder aufs Girokonto), dann hast Du durch die Inflation Tag für Tag weniger Kaufkraft. Bei einer von der EZB angestrebten Inflation von nahe 2% könntest Du Dir also nach 5 Jahren nur noch abgerundet 90% von dem Warenkorb leisten, den Du Dir heute damit kaufen könntest.[7] Keine schöne Vorstellung.

Wenn Du das finanzielle Grundgesetz zu Deinem Vorteil und Vermögensaufbau anwenden möchtest, dann musst Du die drei Variablen Einnahmen, Ausgaben und Zinsen optimieren.

---

[6] Dank meines beharrlichen Großvaters habe ich ihn mehr als verinnerlicht.
[7] Berechnung: $100*0,98^5 = 90,4$

- Einnahmen maximieren
- Ausgaben minimieren
- Zinsen maximieren (bei möglichst geringem Risiko)

Die Maximierung Deiner Einnahmen gewährleistest Du durch eine Beförderung Deiner aktiven Arbeit oder dem Hinzufügen weiterer, beziehungsweise Ausbauen, bestehender Einkommensquellen.[8]

Die Minimierung der Ausgaben gewährleistest Du durch cleveres Sparen und vernünftiges Haushalten. Es ist viel einfacher, als man zunächst annehmen mag und mit ein paar Tricks kann man hunderte oder sogar tausende Euro im Jahr sparen.[9] Welche größeren, wichtigen Ausgabenposten Du auf gar keinen Fall unterschätzen darfst, findest Du im Kapitel „Risikokapital und Vermögensbildung".

Die Maximierung Deiner Zinsen bei gleichzeitig tragbarem Risiko gewährleistest Du durch intelligentes Investieren – zum Beispiel in Aktien. Dabei gilt: Investiere nur in solche Produkte oder Unternehmen, die Du auch verstehst.

---

[8] Siehe auch für passive Einkommensquellen: *Nine-to-five muss nicht sein!*
[9] Siehe auch: *Clever sparen und clever reich werden*

Finanzielles Grundgesetz #2

Bei dem zweiten finanziellen Grundgesetz geht es um die Frage:

Was kaufst Du am Zahltag?

Damit ziele ich auf die strenge Unterscheidung zwischen Vermögens-werten (interpretiert als Investitionen) gegenüber Verbindlichkeiten (interpretiert als laufende Ausgabenposten) ab.

Vermögenswerte bringen Dir Geld ein.
Verbindlichkeiten kosten Dich Geld.

Wer sein Geld gerne in Verbindlichkeiten steckt, der häuft automatisch immer mehr Zahlungsverpflichtungen an und verliert unter Umständen leicht den Überblick.

Was Deine Bank etwa als Vermögenswert ansieht, zum Beispiel ein Haus, mag für die Bank sicherlich ein potentieller Vermögenswert sein, da er Dich solventer macht. Für Dich persönlich ist das Haus aber eine Verbindlichkeit! Letztendlich zahlst Du die Steuern dafür, kommst für Instandhaltung auf und haftest für Schäden, beziehungsweise zahlst ein „Jahresabo" an die Versicherung, die die Haftung übernimmt. Darüber hinaus kommen eventuell jahrzehntelange Zinszahlungen für einen Hauskredit hinzu.

Eine weitere typische Verbindlichkeit ist der Handyvertrag. Leicht bucht man irgendwelche Zusatzdienste hinzu, die man dann nicht mehr abbestellt. Darüber hinaus verlängert sich ein Handyvertrag heutzu-tage automatisch. Wie viel Geld man den Anbietern in den Rachen schmeißt, wird einem erst klar, wenn man seine Abogebühren mal auf ein Jahr und schließlich auf mehrere Jahre hochrechnet. Wer dann noch für mehrere Familienmitglieder zahlt, kommt auf ein stattliches Sümmchen.

Das gleiche gilt für alle möglichen Arten von Abos und automatischen Beitragzahlungen. Insbesondere Versicherungen können hier stark zu Buche schlagen. Dabei braucht man nur einige wenige Versicherungen wirklich.

Von folgenden Versicherungen ist abzuraten:
- Fahrrad
- Handy
- Brillen
- Glasbruch
- Reisegepäck
- Insassenunfall
- Sterbegeld
- Krankenhaustagegeld
- Lebensversicherung
- Restschuld

Lediglich manchmal sinnvoll können diese Versicherung sein:
- Krankentagegeld
- Krankenhauszusatz
- Pflegezusatz
- Zahnzusatz
- Reiserücktritt
- Unfall
- Rechtsschutz
- Hausrat
- Voll-/Teilkasko

In jedem Fall sinnvolle Versicherungen sind dagegen:
- Private Haftpflicht
- Berufsunfähigkeit
- Risikoleben (für Eltern kleiner Kinder)
- Wohngebäude (nur für Immobilienbesitzer)

- Auslandskrankenversicherung (natürlich nur, wenn man ins Ausland fährt).

Die offensichtlichste Verbindlichkeit ist der Kredit, den man regelmäßig abbezahlen muss. Wenn Du es irgendwie vermeiden kannst, dann nimm' erst gar keinen Kredit auf. Auch eine Bürgschaft solltest Du kategorisch nie unterschreiben, da Du im Fall der Fälle mit Deinem privaten Vermögen für das Versagen eines anderen bezahlst. Auch innerhalb der Familie solltest Du lieber keine Bürgschaft unterschreiben und eher anbieten, im Notfall auszuhelfen. Somit haben Gläubiger nicht automatisch Zugriff auf Dein Vermögen!

Ein Auto ist im Übrigen auch eine Verbindlichkeit, da es Kosten generiert. Selbst wenn es von der Firma gestellt wird, wird es meistens vom Arbeitgeber als eine alternative Form der Entlohnung interpretiert und Dein Einkommen fällt, zumindest zu einem Teil, geringer aus, als es das ohne „Bezahlung Auto" tun würde. Selbstverständlich kann nicht jeder auf ein Auto verzichten und außerdem bietet es einem auch eine Menge Vorteile. Für Deine eigene finanzielle Situation ist aber die nüchterne Abgrenzung wichtig.

Ich rate Dir, alle Deine regelmäßigen Ausgaben aufzulisten und anschließend die überflüssigen davon konsequent zu eliminieren.

Das zweite finanzielle Grundgesetz besagt:

Stecke Dein Geld in vermögensbildende Werte.

Zu den vermögensbildenden Werten zählen alle Formen des passiven Einkommens, zum Beispiel eine vermietete Wohnung (Mieteinnahmen), eine Investition am Finanzmarkt in Form von Aktien (Dividenden und hoffentlich Kurssteigerungen) und anderen Finanzprodukten oder ein eigenes „Business" (Verkäufe).

Dein Anlageuniversum

„Geld allein macht nicht glücklich. Es gehören
auch noch Aktien, Gold und Grundstücke dazu."
　　　　　- Danny Kaye

Spätestens wenn Du Geld zum Investieren übrig hast, stellt sich für Dich die wichtige Frage: Wohin damit?

Diese Frage lässt sich nur sinnvoll beantworten, wenn Du Deine Optionen kennst. Zunächst hast Du die Möglichkeit, Dich selbst um Deine Investitionen zu kümmern oder das Investieren Deines Geldes anderen Menschen oder den Banken zu überlassen.

Solltest Du zu Letzterem tendieren, dann kannst Du Dein Geld einfach auf ein Giro-, Tagesgeld- oder Festgeldkonto einzahlen. Die Bank spielt dann mit Deinem Geld, sprich, sie verleiht es weiter und investiert es. Davon hast Du allerdings, bis auf die wenigen Guthabenzinsen, die sie Dir überlässt, nichts. Dafür hast Du auch kein Risiko, den Nominalwert des Geldes zu verlieren. Je nachdem wie stark die Inflation ist, kann es aber sein, dass Du hinterher weniger Kaufkraft hast als vorher, also unterm Strich sogar verlierst.

Eine weitere Möglichkeit wäre, das Geld einem Vermögensverwalter oder Investmentfonds zu geben, der Dein Geld dann möglichst gewinnbringend investiert. Du trägst dabei das volle Risiko, aber die Entscheidungen trifft ein anderer. Dabei setzt Du natürlich darauf, dass dieser andere ein Profi ist und so viel Rendite für Dich erzielt, dass sich seine Kosten tragen und mindestens noch die Inflation kompensiert wird.

Das solltest Du Dir allerdings gut überlegen: Laut einer Anfang 2016 veröffentlichten Studie von S&P Dow Jones Indices verfehlen 83,91% der aktiv gemanagten Aktienfonds ihre Benchmark (S&P 500) nach

Kosten auf Sicht eines Jahres. Auf Fünfjahressicht sind es sogar über 97%![10]

Ich rate Dir davon ab, Dein gut verdientes Geld in die Hände sogenannter Experten zu geben. Wirklich gute Vermögensverwalter sind leider rar gesät, obwohl es sie natürlich auch gibt.[11][12] Nur Deinen Bankberater solltest Du vielleicht nicht unbedingt um Rat fragen, vertritt er doch in erster Linie die Interessen der Bank, in zweiter Linie seine eigenen Interessen (hohe Provision) und in dritter Linie schließlich die seiner Kunden.

Nimm stattdessen Deine Finanzen lieber selbst in die Hand!

Du hast grundsätzlich die Möglichkeit, Dein Geld zu verleihen oder Dir einen Vermögenswert mit Deinem Geld zu kaufen.

---

[10] Hier geht's zur Studie: http://bit.ly/2u0umwr
[11] Eine interessante Form der aktiven Geldanlage bietet das sog. „Social Trading". Dabei kannst Du die Anlagestrategie erfolgreicher Manager 1:1 in Deinem Depot widerspiegeln. Weitere Infos auf: http://bit.ly/2xaFX7Q
[12] Die erfolgreichsten aktiven Fondsmanager findest Du hier: http://bit.ly/2uxKFxg

Kreditvergabe: Anleihen

„Wer gut schlafen will, kauft Anleihen,
wer gut essen will bevorzugt Aktien. "
André Kostolany

Wenn Du Dein Geld verleihen möchtest, dann kaufst Du zum Beispiel Anleihen. Diese werden von Staaten (Staatsanleihen), Unternehmen (Unternehmensanleihen) und Banken (Bankanleihen) ausgegeben. Eine typische Anleihe hat eine feste Laufzeit. Der Emittent (Herausgeber der Anleihe) zahlt Dir über diese Laufzeit jedes Jahr einen Obolus (Zins) dafür, dass Du ihm das Geld geliehen hast. Am Ende der Laufzeit bekommst Du als Gläubiger, der Du dann bist, Deinen verliehenen Anfangsbetrag wieder zurückgezahlt.

Das Gute bei Anleihen ist, dass sie börsentäglich mit anderen Marktteilnehmern gehandelt werden können, also sehr liquide sind. Der Kurs der Anleihe kann sich im Zeitverlauf verändern und so kannst Du bei Bedarf oder Notwendigkeit ein finanzielles Plus oder Minus erwirtschaften, wenn Du die Anleihe vor Ablauf der Laufzeit veräußerst.

Chancen

In folgender Abbildung ist die Wertentwicklung (Performance) des Deutschen Rentenindex abgebildet, abgekürzt „REXP". Der REXP misst die Wertentwicklung deutscher Staatsanleihen. Dabei sind die regelmäßigen Zinserträge im Chart schon mit eingepreist.

Wer sein Geld also Anfang 1988 in deutsche Staatsanleihen investierte und die Kuponzahlungen (Zinszahlungen) wieder reinvestierte, konnte seine Investition innerhalb von 10 Jahren verdoppeln und in gut 23 Jahren vervierfachen.

Nicht mit einberechnet sind dabei allerdings die Inflation oder Steuern.

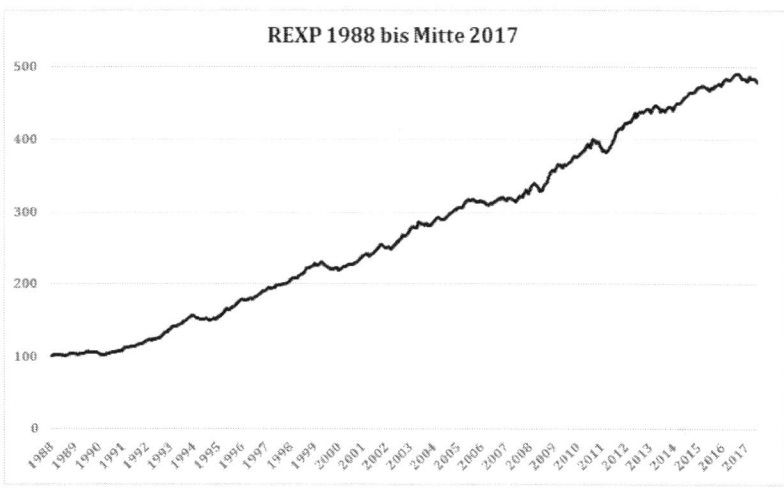

Quelle: Eigene Darstellung, Deutsche Börse AG.

Grundsätzlich gelten Anleihen als sehr sichere Geldanlage, insbesondere, wenn finanzielle Schwergewichte, wie ganze Staaten, dahinterstehen. Trotzdem kann es passieren, dass selbst Staaten zahlungsunfähig werden - dann droht der Totalverlust. Seit dem Jahr 1800 kam es immerhin ca. 250 Mal dazu, dass ein Staat seine Auslandsschulden nicht bedienen konnte. Zum Glück gab es in Europa innerhalb der letzten 50 Jahre keine einzige Staatspleite.[13] Das bedeutet natürlich nicht, dass sich das nicht wieder ändern kann.

Risiken

Das Risiko der Anleihen wird durch Bonitätsnoten von Ratingagenturen bewertet. Je größer die Ausfallwahrscheinlichkeit, desto schlechter ist das Rating. Je schlechter das Rating wiederum, desto mehr Zinsen müssen die Kreditnehmer zahlen – die sogenannte Risiko-

---

[13] Artikel Handelsblatt (2012): http://bit.ly/2uqW9m5

prämie. Anleihen mit einer sehr schlechten Bonität werden als „Junk Bonds" (Schrottanleihen) oder „High Yield Bonds" (Hochzinsanleihen) bezeichnet.

Neben dem Ausfallrisiko/Bonitätsrisiko gibt es noch folgende Risiken, die bei einer Investition in Anleihen beachtet werden müssen:

Zinsänderungsrisiko

Wer die Anleihe vor Laufzeitende verkaufen muss oder möchte, der unterliegt dem Zinsänderungsrisiko. Mit dem Zins ist der Leitzins der Zentralbank gemeint, der Grundlage für alle Zinssätze im Währungsraum ist. Wenn der Leitzins steigt, dann sinkt der Wert der Anleihe und umgekehrt. Das liegt darin begründet, dass eine alternative Anlage nun einen höheren Zins (=Rendite) einbringt. Um dem gestiegenen Zinssatz gerecht zu werden, passt sich der Kurs der Anleihe an. Wer die Anleihe bis Laufzeitende hält, der ist nicht davon betroffen.

Inflationsrisiko

Die reale Rendite berechnet sich aus der vom Emittenten ausgezahlten Rendite abzüglich der Inflation. Das Inflationsrisiko besteht durch die Unsicherheit über die Höhe der zukünftigen Inflation. Ist diese höher als erwartet, sinkt die reale Rendite. Eine Lösung bieten hier inflationsindexierte Anleihen, die aber eher die Ausnahme als die Regel darstellen. Bekannter Herausgeber davon sind die USA und Frankreich.

Wechselkursrisiko

Wer eine Anleihe in einer fremden Währung, etwa dem US-Dollar, kauft, der unterliegt Währungsschwankungen. Sinkt der Wert des US-Dollars gegenüber dem Euro müssen Währungsverluste hingenommen werden und vice versa. Es gibt sogar Anleihen, bei denen die Zinszahlungen (=Kuponzahlungen) in einer anderen Währung erfolgen, als Rückzahlung des verliehenen Betrags. Bei diesen sogenannten Doppelwährungsanleihen muss man beide Devisenkurse im Blickfeld haben und möglichst präzise Wechselkurserwartungen bilden.

Aktuelle Entwicklung

Was Du zum Thema Anleihen noch wissen musst, ist, dass die Europäische Zentralbank (EZB) im Rahmen ihrer expansiven Geldpolitik in den letzten Jahren in großem Stil Staatsanleihen aufgekauft hat. Durch ihre große Nachfrage hat sie die Euro-Staaten um ca. 1 Billionen Euro für geringere Zinszahlungen entlastet[14]. Gleichzeitig hat das dazu geführt, dass viele Staaten sich viel stärker verschuldet haben, als sie es unter normalen Umständen gemacht hätten.

Zusätzlich hat es dazu geführt, dass viele institutionelle Investoren, Versicherungen und Pensionsfonds zum Beispiel, keine ordentliche Rendite mehr für ihre sicheren Investitionen in europäische Anleihen mehr bekommen. Als Folge mussten Garantiezinsen immer weiter nach unten korrigiert werden. Zwar ist in den nächsten Jahren eine schrittweise Anhebung der Zinsen durch die EZB geplant, doch kann sich dies noch extrem in die Länge ziehen. Gleichzeitig bedeutet das für Dich, dass Du nur noch sehr geringe Zinsen für eine Investition in Anleihen bekommst oder ein höheres Risiko eingehen musst, um höhere Zinsen zu bekommen.

Die institutionellen Investoren wurden und werden durch die expansive Geldpolitik von der EZB in andere, risikoreichere Anlageklassen gedrängt. Das hat nicht zuletzt dazu geführt, dass insbesondere Sachwerte und Aktien stark gestiegen sind.

Ich selber halte keine Anleihen, nicht zuletzt wegen der geringen Zinsen und weil ich mich selber lieber als Investor (in Aktien) anstatt als Gläubiger sehe.

---

[14] Monatsbericht Bundesbank Juli 2017: http://bit.ly/2vTLHl7

Alternative: P2P-Kredite

Eine alternative und relativ neue Form des Geldverleihs stellen dagegen P2P-Kredite dar. Dabei verleihst Du Dein Geld ohne eine zwischengeschaltete Bank an andere Privatpersonen. Plattformen wie Twino, Mintos, Bondora und Auxmoney vermitteln dabei zwischen Kreditnehmern und Kreditgebern und stellen auch die Bonitätsnoten aus.

Anstatt dabei einer Person viel Geld zu leihen, kann man dort einer Vielzahl an Personen wenig Geld leihen. Durch diese Art der Diversifizierung reduzierst Du dabei das Ausfallrisiko enorm. In Anbetracht der extrem niedrigen Anleihezinsen ist dies eine interessante Investmentmöglichkeit mit hohen Renditeaussichten.

Bekannte P2P-Plattformen sind:
- Bondora: https://www.bondora.com/de
  Mindestanlage: 5€, Gebühren: lediglich von Verzinsung Bearbeitungsgebühr, Rückkaufgarantie: Nein
- Twino: https://www.twino.eu/de/
  Mindestanlage: 10€, Gebühren: 0%, Rückkaufgarantie: Ja
- Mintos: https://www.mintos.com/de/
  Mindestanlage: 10€, Gebühren: 0% (Primärmarkt), 1% (Sekundärmarkt), Rückkaufgarantie: Ja
- Auxmoney: https://www.auxmoney.com/
  Mindestanlage: 25€, Gebühren: Bei Anlagebetreuung 1% der Anlagesumme, Rückkaufgarantie: Nein

Ich selbst habe kürzlich probeweise etwas Risikokapital auf drei verschiedenen P2P-Plattformen investiert, um mein Portfolio weiter zu diversifizieren.

Tauschmittel: Devisen

„Jede Währung lebt vom Vertrauen."
-Carl-Ludwig Thiele

Als Alternative zur Kreditvergabe kannst Du Dein Geld auch gegen eine andere Form des Tauschmittels, also eine andere Währung eintauschen. Dabei spekulierst Du darauf, dass die von Dir „eingekaufte" Währung gegenüber der von Dir eingetauschten Währung steigt.

Beispielsweise könntest Du also Deine Euro (€) in US-Dollar ($), chinesische Renminbi (RMB oder CN¥), japanische Yen (¥) oder digitale Bitcoin (BTC oder XBT) eintauschen. In folgender Grafik siehst Du den Kurs des US-Dollar pro Euro.

Quelle: Eigene Darstellung, Europäische Zentralbank.

Im Chart kann man schön erkennen, dass die Gemeinschaftswährung bis zur Finanzkrise immer stärker geworden ist. Als die Krise dann von den USA nach Europa übergeschwappt ist, hat der Euro stärker an Wert verloren. Eine klare Tendenz konnte man damals und auch jetzt kaum vorhersagen, wie Du am unruhigen Chartverlauf erkennen kannst.

Chancen & Risiken

Der Devisenhandel (auch Forex: „foreign exchange") ist extrem spekulativ, weil es einfach eine Fülle an Faktoren gibt, die die Devisenkurse (auch „Crossrates") beeinflussen. Dabei werden die Devisenkurse über Angebot und Nachfrage gebildet. Hier die wichtigsten Einflussfaktoren:

Realwirtschaft
Je besser die wirtschaftliche Situation eines Landes erwartet wird, desto stärker sollte seine Währung heute sein. Dabei spielen Größen wie das Bruttoinlandsprodukt (BIP), die Leistungsbilanz und Frühindikatoren eine große Rolle.

Zinsdifferenz
Wenn im Ausland die Zinsen für die Geldanlage höher sind als im Inland, dann würde theoretisch Geld vom Inland ins Ausland fließen. Dadurch steigt die Nachfrage nach der ausländischen Währung und der Wechselkurs würde sich dementsprechend anpassen, bis die Zinsdifferenz wieder ausgeglichen ist. Die Zinsentscheidungen der Zentralbanken hat einen dementsprechend großen Einfluss auf die Devisenmärkte.

Kaufkraftparität
Nach der Theorie der Kaufkraftparität soll ein und dasselbe Produkt, zum Beispiel ein Big Mac, nach der Umrechnung das gleiche kosten. In der Realität gibt es aber erhebliche Unterschiede. Ökonomen berechnen dabei anhand dieser Unterschiede, ob eine Währung über- oder unterbewertet ist. Ein greifbares Beispiel dafür ist der Big Mac Index.[15]

---

[15] Big Max Index auf The Economist: http://econ.st/1jop11v

Kapitalströme

Wenn zum Beispiel große Hedgefonds und institutionelle Investoren weltweit investieren, dann fließen mit einem Schlag riesige Summen an Geld in verschiedene Länder. Diese immense Nachfrage nach der Landeswährung schlägt sich wiederum auf den Wechselkurs nieder: Die Währung wird stärker nachgefragt, also steigt ihr Kurs. Dabei ist dies heutzutage immer einfacher, da nur noch 5 bis 10 Prozent der internationalen Kapitalströme noch realwirtschaftlichen Transaktionen gegenüberstehen.

Intermarkt-Bewegungen

Der Devisenmarkt wird durch Bewegungen an anderen Märkten, etwa den Aktien-, Renten- und Rohstoffmärkten beeinflusst. Sind die Aktienmärkte gerade schwach, dann werden festverzinsliche Anleihen in der Regel stärker nachgefragt, was sich wiederum stützend auf die Devisenkurse auswirkt.

Stimmungsindikatoren

Die Einschätzung von großen Investmenthäusern und die Position der verschiedenen Marktteilnehmer beeinflussen die Prognosen für die Devisenkurse.

Nachrichten

Jede Nachricht hat das Potential, die Devisenkurse in die eine oder andere Richtung zu kippen – je nachdem wie diese von den Marktteilnehmern interpretiert wird. Dabei bekommen Daytrader die aktuellen weltweiten Nachrichten in einem Newsticker angezeigt und können in Sekundenschnelle riesige Summen an Devisen kaufen oder verkaufen.

Wie Du siehst, gibt es wirklich eine Vielzahl an Faktoren, die die Devisenkurse zwischen sämtlichen Währungen beeinflussen. Hier den Überblick zu behalten ist schlichtweg unmöglich. Aus glaubwürdigen Quellen habe ich im Übrigen erfahren, dass selbst in den Forex-Abteilungen großer deutscher Banken kein einzelner Trader über einen längeren Zeitraum erfolgreich im Devisenhandel war.

Wenn Du also Geld in Devisen steckst, dann solltest Du bereit sein, einen Großteil davon verlieren zu können. Wer spekulieren möchte, der sollte vor bestimmten Events auf das Eintreffen eines Ereignisses wetten. Immerhin hat man eine Chance von 50%, richtig zu liegen. Anschließend sollte man sich dann aber wieder schleunigst aus dem Devisenmarkt zurückziehen. Es besteht außerdem die Gefahr, dass das Ereignis, auf das man wettet, eben nicht eintritt. Oder es wird von den Marktteilnehmern genau andersherum interpretiert, als man es sich im Vorfeld ausgemalt hatte.

Ich selbst bin nicht in fremden Devisen investiert, denke aber über eine Investition mit Risiko-Kapital in Bitcoin nach.

Sachwerte

„Grundbesitz kann nicht verloren gehen oder gestohlen werden, er lässt sich auch nicht wegtragen. Wird er mit angemessener Sorgfalt verwaltet, ist er die sicherste Kapitalanlage der Welt."
-Franklin Roosevelt

Eine weitere Investitionsmöglichkeit bieten Dir Sachwerte. Bei Sachwerten wird man Besitzer eines Realwertes. Dazu gehören Werte mit einem klar definierten Ertragspotential und die Entkopplung von börsenpsychologischen Einflüssen. Ihre Wertentwicklung entsteht fast ausschließlich durch die Ertragskomponente, die wiederum von Angebot und Nachfrage abhängt. Zu den Sachwerten zählen nach dieser Definition[16]:

- Immobilien
- Private Equity
- Kunst
- Antiquitäten
- Schmuck
- Oldtimer[17]
- Flugzeuge, Schiffe, Züge
- Sammlerwerte

Oftmals werden auch Edelmetalle, Rohstoffe und Aktien zu den Sachwerten gezählt. Da diese aber ständigen Wertschwankungen durch die tägliche Börsennotierung unterliegen, haben sie nicht mehr den in sich werterhaltenden Charakter, den man sich von einem Sachwert wünscht. Insbesondere Gold ist stärker denn je zur Krisenwährung avanciert und spiegelt vielmehr die Angst der Anleger vor einem Börsencrash wieder.

---

[16] Artikel auf Fonds professionell Online: http://bit.ly/2tL0cef
[17] Siehe auch Deutscher Oldtimer Index: http://bit.ly/2tLY0mW

Chancen

Das Besondere an Sachwerten ist die Stabilität ihrer Wertanlage. Eine Immobilie in guter Lage, ein berühmtes Gemälde oder ein Oldtimer werden wohl kaum an Wert verlieren, sondern eher im Wert steigen. Traditionell sind Sachwerte in Zeiten hoher Inflation immer gut gelaufen, bieten also eine Art Inflationsschutz.

Dass die Inflation wieder stärker steigen wird, ist dabei nur eine Frage der Zeit. Schließlich haben die Zentralbanken weltweit Billionen in die Finanzmärkte gepumpt, was sich zuweilen vor allem in stark gestiegenen Sachwerten und Aktientiteln widergespiegelt hat. Über kurz oder lang wird das erklärte Ziel der EZB, die Inflation anzukurbeln, auch im Rest vom Euroraum erreicht werden (in Deutschland ist die Inflation bereits angekommen). Mittlerweile hat die EZB dafür bereits knapp 2 Billionen Euro in die Finanzmärkte gepumpt.

Durch eine höhere Inflation wird das Geld im Verhältnis zu den Gütern weniger wert, weil einfach viel mehr Geld in den Kreislauf gebracht wurde. Dadurch erleiden wir alle einen Kaufkraftverlust und können uns infolgedessen für den gleichen (nominalen) Preis weniger Güter leisten. Genau dafür sind Sachwerte oder auch physische Edelmetalle ideal, weil ihr Wert automatisch mit steigt.

Trotzdem gibt es auch Tendenzen, die einer höheren Inflation entgegenwirken. Im besten Fall halten sich die Effekte die Waage, was ich persönlich aber nicht glaube. Dazu zählen die großen aufgebauten Überkapazitäten (Güterproduktion) weltweit, zum Beispiel in China. In Europa erholt sich die Nachfrage bisher nur langsam und darüber hinaus wird die Bevölkerung, allen voran Japan und Europa, immer älter. Das wirkt sich ebenfalls nachfragehemmend aus.

Immobilien in Deutschland sind vor allem in den Großstädten in den letzten Jahren gut gelaufen. Auf dem Land und in kleineren Städten, wo das Bevölkerungswachstum tendenziell negativ ist, ist es dagegen viel schwieriger, mit Immobilien Geld zu machen. In folgendem Chart kannst Du die Wertentwicklung von Mietpreisen und Kaufpreisen (für Eigentumswohnungen) in Deutschland verfolgen.

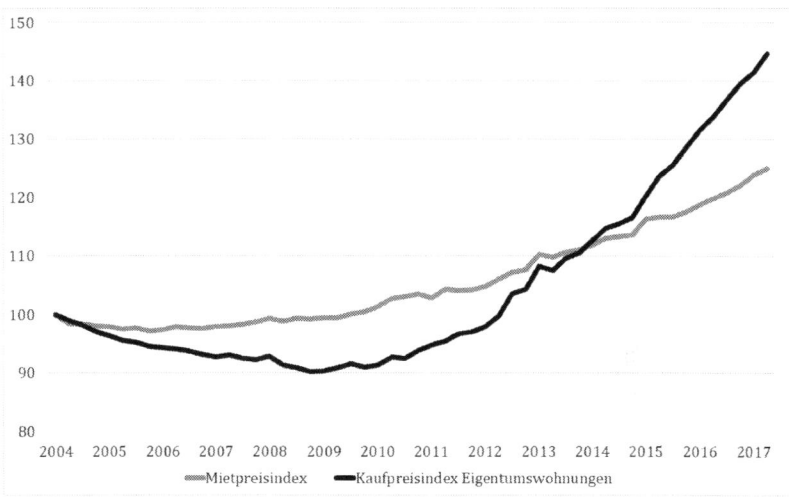

Quelle: Eigene Darstellung, Empirica Institut.

Im Chart kann man erkennen, dass die Kaufpreise lange Zeit rückläufig waren. Als infolge der weltweiten Finanzkrise Immobilieninvestitionen als sichere Sachwerte wahrgenommen wurden, kam es zu einer erhöhten Nachfrage. Als die EZB schließlich ihre Anleihekaufprogramme startete, haben viele Investoren Immobilien als sicheres Substitut für die renditeschwachen Anleihen ausgemacht.

Risiken

Da die Immobilienpreise in den letzten Jahren sehr stark gestiegen sind und Deutschland mit einer schrumpfenden Bevölkerung konfrontiert ist,[18] zweifle ich aber an, dass das Wachstum ewig so weitergeht.

---

[18] Artikel bpb über den demografischen Wandel (Juni 2017): http://bit.ly/2uF8EJb

Sehr wahrscheinlich ist eine weitere Konzentration auf die Großstädte bei gleichzeitiger Abnahme auf dem Land und in kleineren Städten.

Grundsätzlich musst Du Dich in dem jeweiligen Fachbereich und Markt sehr gut auskennen, wenn Du mit Sachwerten Dein Vermögen aufbauen möchtest. Hinzu kommen dann noch weitere zeitliche und finanzielle Aufwendungen.

Bei Immobilien zum Beispiel musst Du Dich um die Instandhaltung kümmern und Reparaturen übernehmen, die Immobilie(n) richtig versteuern und Dich eventuell mit Nachbarschaftsstreitigkeiten oder schlechten Mietern herumschlagen. Wer das alles als Privatperson abdecken möchte, wird einiges an Zeit dafür investieren müssen. Die Alternative wäre natürlich, diese Aufgaben an eine Firma auszulagern, aber das sind dann nochmal Zusatzkosten, die oben draufkommen. Wenn Du in Immobilien investieren möchtest, würde ich Dir dazu raten, lieber in eine größere Immobilienfirma, wie zum Beispiel Vonovia (ISIN: DE000A1ML7J1), zu investieren. Diese kann durch die Ausnutzung von Skaleneffekten viel kostengünstiger wirtschaften.

Da ich persönlich in keinem Sachwert-Bereich über spezielles Wissen verfüge, konzentriere ich mich lieber auf andere Anlageklassen. Dementsprechend wohne ich auch zur Miete und besitze keine großartigen Sachwerte – meine kleine Münzsammlung einmal ausgeschlossen.

Unternehmensbeteiligungen: Aktien

„Kaufen Sie Aktien, nehmen Sie Schlaftabletten, und schauen
Sie die Papiere nicht mehr an. Nach vielen Jahren werden
Sie sehen: Sie sind reich. "
-André Kostolany

Die meines Erachtens beste Anlagemöglichkeit sind Aktien. Du kaufst Dich mit Deinem ersparten Geld in ein Unternehmen ein, stellst also einen Anteil am Eigenkapital einer Aktiengesellschaft (AG). Dir gehört damit ein kleiner Prozentteil des Unternehmens, wodurch Du verschiedene Anrechte bekommst:

- Anteil am Bilanzgewinn
- Teilnahme an der Hauptversammlung
- Auskunftserteilung und Stimmrecht auf der Hauptversammlung
- Anfechtung von Beschlüssen der Hauptversammlung
- Anteil am Liquidationserlös
- Recht zum Bezug junger Aktien

Dein Anteil am Bilanzgewinn wird Dir regelmäßig in Form einer Dividende ausbezahlt. In Deutschland, Österreich und der Schweiz ist das üblicherweise 1 Mal pro Jahr - kurz nach der Hauptversammlung. In anderen Ländern sind aber auch andere Auszahlungsperioden üblich oder möglich: halbjährlich, quartalsweise oder monatlich.[19]

Um Dich für die Dividendenzahlung zu qualifizieren, musst Du die Aktien des Unternehmens am Tag der Hauptversammlung (HV) nach Handelsschluss in Deinem Depot haben. Das bedeutet, dass Du sie auch noch am selben Tag kaufen könntest.

---

[19] Wenn Du entsprechend international investierst, kannst Du es schaffen, dass Dir jeden Monat eine Dividende gezahlt wird.

Während man vor 2017 in Deutschland seine Dividende direkt am Tag nach der Hauptversammlung, dem sogenannten Ex-Tag, überwiesen bekam, gilt eine neue Regelung ab 2017. Jetzt ist der frühestmögliche Auszahlungstermin der dritte auf den Hauptversammlungsbeschluss folgende Geschäftstag. Die Änderung wurde durchgeführt, um europaweit Stichtage zu harmonisieren.

Am Ex-Tag erfolgt weiterhin der Dividendenabschlag. Das bedeutet, dass der Aktienkurs um die Dividende bereinigt wird, also am Handelsstart niedriger notiert. Man sagt, dass die Aktien dann „ex Dividende" gehandelt werden.

Wenn ein Unternehmen keine Dividende ausbezahlt, erfolgt der Dividendenabschlag nicht. Der Bilanzgewinn drückt sich stets in dem Kurs der Aktie (abschlagsfrei) aus. Das Unternehmen ist mehr wert, weil es keine Ausgabe „Dividendenzahlung" hatte.

Chancen

In folgender Grafik ist der Performance-Index vom DAX abgebildet. Das bedeutet, dass in dem abgebildeten Kurs Dividendenzahlungen mit einberechnet worden sind, so als wären diese direkt wieder in die ausschüttenden Unternehmen geflossen.

Wie man sehr schön am Chart erkennen kann, hat sich der DAX, langfristig gesehen, stark positiv entwickelt. Wer am 1.1.1988 in den Index DAX investiert hätte, der hätte heute das 13-fache seiner Ursprungsinvestition herausgehabt. Gar nicht schlecht, oder?

Steuern und Gebühren sind dabei noch nicht mit einberechnet.

Trotzdem ist natürlich nicht alles rosig: Im Chart kannst Du ganz klar die Auswirkungen der Dotcom Blase ab Ende 2000 und der Immobilien- und Finanzkrise ab 2008 erkennen. Wer vor einer Abschwung-

phase investierte, der fand sich auf einmal mit erheblichen Kursverlusten konfrontiert. Das Schlimmste, was man in einem solchen Fall
aber machen kann, ist diese Kursverluste auch zu realisieren – sprich
verkaufen!

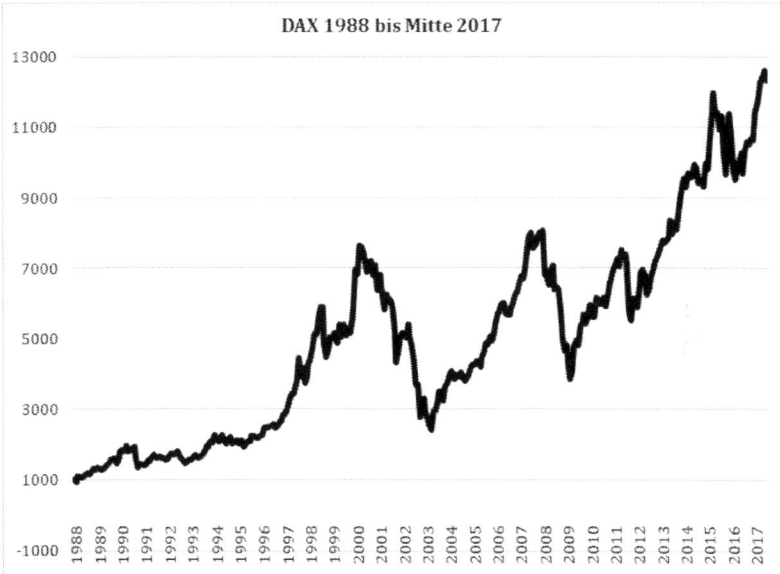

Quelle: Eigene Darstellung, Deutsche Börse AG.

Wenn man den Absprung nicht frühzeitig schafft, bleibt einem eigentlich nur eines übrig: Aussitzen. Und das kann schon mal ein paar Jähr-
chen dauern. Du solltest das Geld von einer Investition in Aktien also
nicht schon für die nächsten Jahre anderweitig verplanen. Siehe es
lieber als Deine Altersvorsorge und Investition in die Zukunft an, die Du
schrittweise erhöhst.

Interessanterweise haben eine ganze Reihe von Unternehmen auch
durch die Krisen hindurch regelmäßig ihre Dividenden an die Aktionäre ausgezahlt. Wer die Krise ausgesessen hat, der konnte sich hinterher dann sogar über Kurssteigerungen freuen. Während der Krise ist
bereits vor dem Aufschwung. An so einer Stelle solltest Du Dir sogar

Gedanken machen, ob Du nicht noch mehr Geld in Aktien investiert, da diese während einer Krise relativ gesehen günstig sind. Natürlich muss dafür die persönliche finanzielle Situation stimmen und man darf nicht auf das Geld angewiesen sein.

Mich begeistert die Tatsache, dass man als Aktieninhaber zum Teilhaber der globalen Wertschöpfungskette wird. Diese Unternehmen produzieren die Produkte, die wir im Supermarkt und in den Läden kaufen, entwickeln tolle, moderne Technologien, die uns das Leben vereinfachen und helfen dabei, die medizinische Versorgung zu verbessern. Nur diejenigen Unternehmen, die es schaffen, den Menschen einen Mehrwert und Nutzen zu geben, sind überhaupt erst erfolgreich. Als Aktionär partizipierst Du an genau diesem Erfolg!

Risiken

Trotz aller Euphorie möchte ich an dieser Stelle auch auf die Risiken hinweisen.

Unternehmerisches Risiko

Als Aktionär bist Du Mitinhaber der Aktiengesellschaft und deshalb de facto auch Unternehmer, welcher unmittelbar an der wirtschaftlichen Entwicklung des Unternehmens beteiligt ist. Das unternehmerische, auch unternehmensspezifische Risiko genannt, besteht darin, dass dieses sich anders entwickelt, als erwartet. Unternehmensinterne Faktoren wie Gewinn- und Umsatzentwicklung oder Managemententscheidungen haben direkten Einfluss auf die Kurse. Im schlimmsten Fall droht die Insolvenz des Unternehmens. Dann hat man als Aktionär erst Anspruch auf den Liquidationserlös, wenn alle Ansprüche von Gläubigern befriedigt worden sind.

Marktrisiko (systematisches Risiko)

Das Marktrisiko betrifft alle Marktteilnehmer. Darin enthalten ist die Unsicherheit des wirtschaftlichen Umfelds. Dazu gehört das Wirtschaftswachstum (Konjunkturveränderungen), die Inflation, der Leitzins, die Devisenkurse, verschiedene Wirtschaftsdaten und politische Ereignisse (vor allem Gesetzgebung). Dabei sind die einzelnen Unternehmen dem Marktrisiko unterschiedlich stark ausgesetzt. Langfristig bestimmt das wirtschaftliche Umfeld die Ertragslage von den Unternehmen und somit auch ihren Wert (Kurs). Geht es einem Unternehmen schlecht, kann es auch entscheiden, in einem Jahr die Dividende zu verringern oder überhaupt keine Dividende auszuzahlen.

Kurzfristige Volatilität

Kurzfristig gesehen unterliegen die Aktienkurse teilweise sehr starken Kursschwankungen (Volatilität). Diese lässt sich auf verschiedene Faktoren zurückführen, wie zum Beispiel den Hochfrequenzhandel, der Wertpapiere in Sekundenschnelle kauft und verkauft. Er wirkt dabei wie ein Katalysator. Hinzu kommt die Informationsungleichheit, die es einigen gut informierten Marktteilnehmern erlaubt, schneller auf bestimmte Ereignisse zu reagieren.

Ein weiterer Aspekt ist dabei die Psychologie der Marktteilnehmer, die ganz bestimmt nicht immer rational handeln. Steigen die Kurse, kann es sein, dass viele Marktteilnehmer einfach nur deshalb investieren, um auf den Zug mit aufzuspringen (auch bekannt als Trendfolge). Dabei spielen die Emotionen der Marktteilnehmer eine große Rolle. Hoffnung, Ängste, Vermutungen, Trotz, Gier, um nur einige wenige zu nennen.

Nicht selten schichten Investoren ihre Gelder von Anleihen in Aktien und umgekehrt. Die extrem einfache Liquidierbarkeit von beiden Anlageklassen macht dies innerhalb eines Tages möglich. Historisch besteht eine Art negative Korrelation zwischen Aktien und Anleihen, sodass Anleger in schwierigen Zeiten lieber in Anleihen investieren, um sich vor Kursverlusten zu schützen. Die letzten Jahre und insbesondere die Immobilienkrise haben allerdings gezeigt, dass diese negative Korrelation auf keinen Fall in Stein gemeißelt ist.

Ein anderes übliches Substitut für Aktien sind Edelmetalle, allen voran das Gold. Als Krisenwährung erfährt es vor allem immer dann Zuspruch, wenn Horrormeldungen erscheinen und ein Crash an den Finanzmärkten droht.

Ich selbst bin absolut von den Vorteilen von Aktien überzeugt und deshalb besteht auch mein Portfolio zum größten Teil aus Aktien.

Alternative: Crowdinvesting

Eine Alternative, sich an einem Unternehmen zu beteiligen, bietet das Crowdinvesting. Dabei gibt man sein Geld jungen Start-ups, die es hernehmen, um eine tolle Idee Realität werden zu lassen.

Bei einem Aktienkauf kauft man dagegen in der Regel am Sekundärmarkt ein, sprich vom Unternehmen bereits herausgegebene Aktien von einem derzeitigen Aktionär. Am Primärmarkt würde man einkaufen, wenn man bei einer Neuemission (Herausgabe) von Aktien direkt vom Unternehmen kauft. Dann flösse Dein Kapital direkt ins besagte Unternehmen. Wenn Du am Sekundärmarkt einkaufst, hat das Unternehmen selbst erst einmal nichts davon, außer dass Du durch Deine Nachfrage die Kurse theoretisch leicht stützt.

Beim Crowdinvesting auf der anderen Seite wird Dein Kapital direkt wertschöpfend eingesetzt. Auf den Crowdinvesting Plattformen kannst Du Dir die aktuellen Projekte anschauen, die von den Unternehmern vorgestellt werden. Die Projekte, die angeboten werden, wurden von der jeweiligen Plattform im Vorfeld bereits eingehend geprüft. Wenn Du in ein Start-up investierst, wirst Du de facto auch Unternehmer und an den Erträgen des Unternehmens beteiligt (außer anderweitige Entlohnung vereinbart). Gleichzeitig trägst Du natürlich auch das Risiko, dass das Start-up nicht erfolgreich wird. Im schlimmsten Fall droht Dir auch hier ein Totalverlust Deiner Kapitalanlage.

Bekannte Crowdinvesting-Plattformen sind:
- Companisto: https://www.companisto.com/
  Mindestanlage: 5€
- Bergfürst: https://de.bergfuerst.com/
  Mindestanlage: 10€
- Innovestment: https://www.innovestment.de/
  Mindestanlage: 10€
- Conda: https://www.conda.de/crowdinvesting/deutschland/
  Mindestanlage: 100€
- AFunderNation: https://www.fundernation.eu/
  Mindestanlage: 100€
- Seedmatch: https://www.seedmatch.de/crowdinvesting
  Mindestanlage: 250€

Ich selbst finde Crowdinvesting eine richtig spannende und greifbare Sache. Die Möglichkeit, Jungunternehmer zu unterstützen und gleichzeitig die Gelegenheit zu bekommen, Teilhaber dieser neuen revolutionierenden Ideen zu werden, fasziniert mich. Deshalb habe ich vor Kurzem angefangen, mir verschiedene Projekte anzuschauen und auch die eine oder andere Investition getätigt.

Deine Anlagestrategie

„Bei jeder Entscheidung ist das Beste, das Sie tun können, die richtige Entscheidung zu treffen. Das Nächstbeste ist die falsche Entscheidung, und das Schlimmste ist, gar nichts zu unternehmen."
- Franklin D. Roosevelt

Je nachdem, wie Deine momentane Lebenssituation ist und welche persönlichen Präferenzen und (finanziellen) Ziele Du hast, eignet sich eine andere Anlagestrategie für Dich. Das Wichtigste ist jedoch, dass Du überhaupt eine Strategie für Deine persönlichen Finanzen hast.

In jedem Fall solltest Du nur diejenige Strategie umsetzen, die Du auch verstehst und mit der Du Dich wohlfühlst! Zum Beispiel haben alle möglichen Menschen (insbesondere Bankberater) meinem Großvater abgeraten, im Alter Aktien zu halten. Vornehmlich, weil sie ja so risiko- reich sind. Mein Großvater kann mit dem Risiko, also der Volatilität der Kurse, aber ganz gut umgehen und ist außerdem zu 100% von Aktien überzeugt. Warum sollte er sich also irgendwelche Anleihen oder Fonds kaufen?

Natürlich ist er bei Aktien geblieben. Sogar bei Aktien ausschließlich von deutschen Unternehmen. Dabei hört man von allen Enden, dass man weltweit diversifizieren müsse. Nun ja, er liest gerne verschiedene Zeitungen über die aktuellen Neuigkeiten an der Börse und investiert dementsprechend nur in diejenigen Unternehmen, von denen er über- zeugt ist. Dadurch weiß er genau, worauf er sich einlässt und hat weitergehend kein Wechselkursrisiko oder läuft Gefahr, politische Ereignisse falsch zu interpretieren. Im Nachhinein eine seiner besten Entscheidungen, schaut man sich die riesigen Kurssprünge der letzten Jahre im DAX an.

Aktiv versus Passiv

„Mut steht am Anfang des Handelns, Glück am Ende.“
-Demokrit

Wie aktiv möchtest Du mit Deinen Finanzen umgehen? Wie aktiv musst Du es tun? Auf der Spanne vom Faultier bis hin zum Daytrader ist alles möglich. Am Ende des Tages kannst nur Du diese Frage für Dich selbst beantworten. Im Endeffekt steht und fällt alles mit Deiner eigenen Motivation.

Du hast keine freie Zeit übrig? Das haben die wenigsten. Bei mir ist das auch so, ich tue immer irgendetwas. Wie schaffe ich es, neue Dinge anzugehen und mich um meine Familie zu kümmern? Ich nehme mir die Zeit dafür. Für wichtige Dinge im Leben muss man sich die Zeit nehmen – egal, was andere Leute sagen! Trotzdem sehe ich mich selbst auch nicht als einen aktiven Investor, sondern eher als passiven oder defensiven Investor, der eben nicht Tag ein Tag aus Geschäftsberichte und Kennzahlen analysiert.

Zurück zu Dir: Ein bestimmter minimaler Zeitaufwand ist für den erfolgreichen Vermögensaufbau unabdingbar. So ist es schließlich mit allen Dingen, die gut werden sollen. Musst Du deshalb zum Börsenprofi werden? Natürlich nicht. Wie Du Dich erinnerst, schlagen über 97% der aktiven Fondsmanager (S&P 500) auf Fünfjahressicht nicht den Index, obwohl diese ja angeblich auch Börsenprofis sind.

Im Umkehrschluss schaffen es natürlich 3% - die Crème de la Crème der Portfoliomanager. Gut informiert und bestens technologisch ausgestattet. Zu mindestens 97% solltest Du also nicht der Illusion verfallen, den Index, beziehungsweise die 97% der aktiven Fondsmanager durch Daytraden schlagen zu können. Die Wahrscheinlichkeit, dass die Transaktionskosten Deine Performance „aufessen“, ist außerdem groß.

Richtig gefährlich wird es, wenn Du einmal glaubst, dass Du weißt, wie der Hase läuft.

Daytrader ist mein Großvater im Übrigen auch nicht. Zwar ist er sehr gut informiert, weil die Börse sein Hobby ist, aber handeln tut er momentan geschätzt höchstens 10 Mal im Jahr. Ich bin ebenso kein Daytrader und handle wenige Male pro Jahr, wenn überhaupt.

Wer viel handelt, spekuliert automatisch. Das muss dabei natürlich nichts Schlechtes sein, doch durch die ganze „Traderei" akkumulieren sich die Transaktionskosten. Darüber hinaus leitet man seine Entscheidungen dann eher an Chartverläufen ab, als an Fundamentaldaten. Die Aktienkurse sind jedoch durch allerlei Faktoren und Emotionen getrieben. Hätte man von vorherein „richtig" (fundamental) investiert, dann bräuchte man das Unternehmen bei einer Dividendenstrategie nicht mehr austauschen. Die Wahl Deiner Aktienstrategie entscheidet letztendlich darüber, ob Du eher aktiver oder passiver Investor bist.

Wenn Du komplett passiv und mit dem geringstmöglichen Zeitaufwand an die Sache herangehen möchtest, dann kannst Du Deine Aktieninvestments mit einem Aktiensparplan oder kostengünstigen ETFs abdecken. Die ETFs replizieren einen Index wie den DAX oder S&P 500. Dabei ist Dein Ziel nicht, den Index zu schlagen, sondern lediglich so gut zu performen wie der jeweilige Index selbst. Dein Zeitaufwand beläuft sich dann nur auf die anfängliche Einrichtung, zum Beispiel die Auswahl der Depotbank (am besten Direktbank, da kostengünstiger) und der Entscheidung, in welche ETFs Du investieren möchtest. Sinnvoll ist in den meisten Fällen noch die Einrichtung eines ETF-Sparplans. Et voilà!

Risikokapital und Vermögensbildung

„Für Börsenspekulationen ist der Februar einer der gefährlichsten Monate. Die anderen sind Juli, Januar, September, April, November, Mai, März, Juni, Dezember, August und Oktober."
-Mark Twain

Sinnvoll ist die Unterteilung Deines Vermögens in Risikokapital und „sicheres" Kapital. Das bedeutet, dass Du Dein Risiko diversifizierst.

Der sichere Teil Deines Portfolios hat den Vermögenserhalt als oberstes Ziel und das Risikokapital soll dafür verwendet werden, eine hohe Rendite zu erwirtschaften. Das sind zwei komplett unterschiedliche Anlageziele.

Die Überlegung dahinter ist eindeutig: Setzt man zu 100% auf risikoreiche Anlagen, dann läuft man Gefahr, mit einem Schlag einen Großteil oder sein gesamtes Vermögen zu verlieren. Investiert man dagegen ausschließlich in die sogenannten sichere Anlagen (zum Beispiel Sparbuch oder Anleihen), dann läuft man Gefahr, dass einem nach Kosten und Inflation kaum noch etwas übrig bleibt. Darüber hinaus investiert man ja gerade deshalb, weil man eine zusätzliche Rendite erwirtschaften möchte.

Zur Beantwortung der Frage, wie groß welcher Anteil bei Dir sein sollte, ist es sinnvoll, einige Punkte zu berücksichtigen:

- Dein Alter: In jungen Jahren und in der Zeit, in der Du auf der Höhe Deines Berufslebens bist, kannst Du tendenziell mehr Risiko verkraften als hinterher.

- Die Größe Deines aktuellen Vermögens: Wer (bereits) viel Vermögen besitzt, der kann auch viel verlieren. Je mehr Vermögen Du akkumulierst, desto eher solltest Du darauf achten, die Früchte Deiner Arbeit nicht leichtfertig aufs Spiel zu setzen – sprich, Du solltest sicherer investieren.

  Das bedeutet natürlich nicht, dass Du als arme Kirchenmaus risikoreich investieren musst! Mit bereits € 25 pro Monat kannst Du in einen relativ sicheren Aktien-ETF investieren. Am wichtigsten ist, dass Du überhaupt sparst und investierst.

- Deine finanziellen Ziele: Urlaube, größere Anschaffungen oder eine bestimmte Höhe passiven Einkommens. Darüber hinaus solltest Du sicherstellen, dass Du auch für unvorhergesehene Ausgaben stets zahlungsfähig (liquide) bleibst. Am besten ist es, sich ein zweites Konto (Tagesgeld) anzulegen, wo Du ein Geldpolster in Höhe von drei Monatsausgaben aufbaust.

- Deine finanziellen Verpflichtungen: Zum Beispiel die Verpflichtungen Deinen Kindern gegenüber. Im Schnitt gaben die Deutschen im Jahr 2008 € 584 pro Kind (Einzelkind) pro Monat aus! Nach 18 Jahren sind dies stolze € 126.144. Die tatsächlich angegebene Spanne reicht von € 328 (€ 70.848) bis € 900 (€ 194.400). Noch nicht mal mit einberechnet sind dabei Versicherung, Betreuung, Arbeitszeitverzicht (meistens von einem Elternteil, zumindest für einen bestimmten Zeitraum), Vorsorge oder ein späteres elternfinanziertes Studium.[20]

---

[20] Veröffentlichung von Destatis: http://bit.ly/2uQycDr

- Schulden abbauen: Wenn Du Schulden hast, dann wirkt der Zinses-zinseffekt gegen Dich! Baue so bald wie möglich Deine Schulden und Kredite ab. Dabei fängst Du mit demjenigen an, für den Du die meisten Schuldzinsen zahlen musst. Hast Du einen „günstigen" Kredit bekommen, auf den Du kaum Zinsen zahlst, könnte es auch sinnvoll sein, lieber in Vermögenswerte mit guter Rendite zu inves-tieren, die mindestens die Schuldzinsen kompensieren. Das halte ich allerdings für sehr riskant.

- Deine Altersvorsorge beziehungsweise die Altersvorsorge Deiner Familie. Wer sich 20 Jahre € 1.000 auszahlen möchte, der braucht, bei einer angenommenen Inflation von 2% (Ziel der EZB sind knapp 2%) und 2% Rendite der Kapitalanlage, ganze € 240.000!

Weitergehend solltest Du diejenigen Risiken absichern, die Dich finan-ziell regelrecht ruinieren können. Dazu zählen die folgenden Punkte:

- Absicherung der Arbeitsunfähigkeit (Arbeitgeber und Krankenkasse zahlen).

- Absicherung der Berufsunfähigkeit (nur minimale gesetzliche Absicherung).

- Eventuell eine Absicherung im Todesfall für Deine Familie (Risiko-Lebensversicherung).

- Etwaige weitere Sicherung vorhandener Erwerbsquellen.

- Absicherung von sonstigen Gesundheits- und Haftpflichtschäden

Wie Du siehst, kann man gar nicht früh genug anfangen zu sparen und zu investieren! Wie sehen Deine finanziellen Ziele und Verpflichtungen aus? Wie viel Geld benötigst Du im Laufe Deines Lebens?

Grundsätzlich ist es zwar immer besser, weniger Risiko einzugehen, doch ohne Risiko gibt es auch keine Rendite! Ganz entscheidend ist letztendlich die Frage, welche Investitionen sind wirklich riskant und welche so „sicher" wie nötig?

Am besten ist es, wenn Du für relativ wenig Risiko relativ viel Rendite bekommst. Und damit meine ich nicht irgendwelche zwielichtigen Angebote von irgendwelchen Briefkastenfirmen im Internet. Vielmehr sollte das Dein Kriterium für jede Investition sein. Genaueres darüber erfährst Du in der Value-Strategie, auf die ich später noch zu sprechen kommen werde.

Ordne Deine aktuellen Vermögensgegenstände in die beiden Kategorien *Risikoinvestitionen* und *„sichere" Investitionen* ein. Bei Finanzprodukten vergeben die Banken oftmals Risikokategorien von 1 bis 5 oder 7. Diese Kategorien sind aber sehr rigide, insbesondere vor dem Hintergrund, dass sich auch die Marktbedingungen ständig ändern. Darüber hinaus ist lange nicht mehr gewährleistet, dass Anleihen und Aktien in einer Krise negativ korrelieren, sodass man sich unter Umständen in falscher Sicherheit wiegt, wenn man dies annimmt. Trotzdem ist es natürlich so, dass Aktien anfälliger, beziehungsweise volatiler sind.

Ich empfehle Dir, zusätzlich selber eine Risikoeinschätzung vorzunehmen, insbesondere auch innerhalb Deiner Aktieninvestments. Die zukünftige Erfolgsaussicht des jeweiligen Unternehmens sollte die größte Rolle dabei spielen - schließlich wird an der Börse die Zukunft gehandelt. Wenn Du mit börseninteressierten Menschen darüber sprechen kannst, ist dies umso besser.

Generell solltest Du Dir angewöhnen mit möglichst vielen Menschen über Finanzthemen zu reden. Für viele Menschen und Familien sind Finanzen leider ein Tabuthema, das nur „den Reichen" vorbehalten ist. Dadurch grenzen diese sich natürlich selbst von den tollen Investitionsmöglichkeiten aus.

Hast Du einmal die Unterteilung deiner Anlagen in die beiden Kategorien vorgenommen, schreibe hinter jede Anlage noch die Rendite, die

Du auf Sicht eines Jahres erwartest. Erstelle anschließend noch ein Rendite-Szenario, bei dem es gut läuft und eins, bei dem es schlecht läuft. Kannst Du mit dem Worst-Case Szenario noch leben, ohne dass Du gleich Deine Wohnung kündigen musst?

Überlege Dir, ob Du Deine finanziellen Ziele mit Deiner aktuellen Vermögensaufteilung (Asset-Allocation) erreichen wirst. Ist dies nicht der Fall, dann musst Du entweder Deine Ziele oder Deine Aufteilung anpassen.

Meine Vermögensstruktur

Meine zwei Investmentregeln sind:
Regel eins: Verliere nie Geld. Regel zwei:
Vergiss niemals Regel eins.
-Warren Buffet

Ich selber habe momentan einen Anteil von 21% Risikokapital und 79% „sicheres" Kapital in meiner Vermögensstruktur. Die meisten Aktien von DAX-Unternehmen, in die ich investiert bin, zählen für mich dabei als „sicher". Manche Menschen würden dies sicherlich anders bewerten, doch habe ich bisher immer regelmäßig meine Dividenden-zahlungen - auch in schlechten Jahren – erhalten. Die meisten Unternehmen, in die ich investiert bin, haben über sehr lange Zeiträume stets pünktlich und zuverlässig Dividende ausgezahlt.

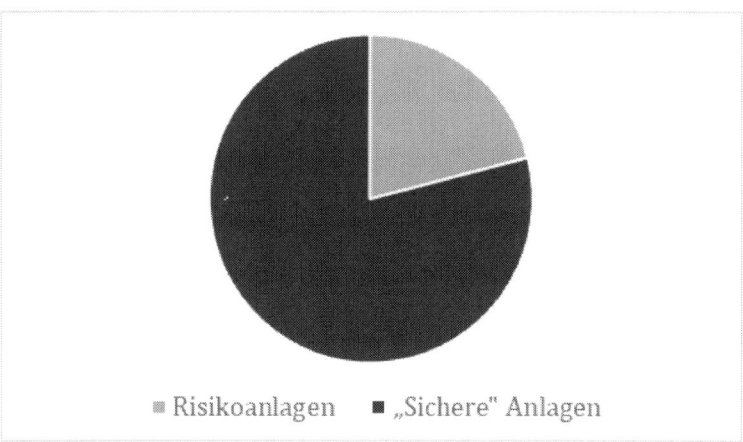

■ Risikoanlagen   ■ „Sichere" Anlagen

Die sicheren Anlagen bestehen momentan ausschließlich aus DAX-Unternehmen, also keine Immobilien, Anleihen oder Rohstoffe. Von diesen Investitionen erwarte ich keinerlei Schwierigkeiten, selbst wenn es erneut zu einer Krise kommen sollte. Zwar hätte eine Krise sicherlich Kursverluste zur Folge, doch geht es mir bei diesen Investitionen hauptsächlich um die Dividende. Darüber hinaus kann ich unterm Strich (leider) keine Krisen voraussagen. Das größte Risiko für die „sicheren" Investitionen wäre aus meiner Sicht eine leichte Verringerung der Dividende.

Zu den Risikoanlagen zählen bei mir vor allem P2P-Kredite, Crowdinvesting und Aktien der Deutschen Bank. Von ihnen erhoffe ich mir auf Sicht von 1-3 Jahren eine zweistellige Jahresrendite. Dass es zu einem Ausfall kommt, halte ich zwar für sehr unwahrscheinlich, doch kann ich das Ausfallrisiko, insbesondere von den P2P-Krediten und dem Crowdinvesting extrem schwer einschätzen.

Von der Deutschen Bank erwarte ich nicht, dass sie irgendein Politiker untergehen lassen würde, also eine theoretische Ausfallwahrscheinlichkeit von Null (praktisch ist sie natürlich vorhanden). Trotzdem hat diese natürlich ihre eigenen Herausforderungen, die sie erst einmal bewältigen muss. Psychologisch gesehen glaube ich nicht, dass die Aktie noch einmal unter die 10€-Marke rutschen wird, wie das Ende September 2016 kurz der Fall war.

Nicht zuletzt kommt auch das Anleihenkaufprogramm gerade den Banken zugute, sodass sich eine Erholung im Bankensektor abzeichnen sollte. Ganz klar setze ich aber auf Kurssteigerungen anstelle von Dividendenzahlungen, da die Dividende und die erwartete Dividende aktuell sehr niedrig sind. Historisch stand die Deutsche Bank Aktie schon bei über € 90, sodass bei einer Verbesserung der Situation noch sehr viel Platz nach oben ist. Das ist selbstverständlich überhaupt keine Garantie dafür, dass sie zukünftig noch einmal so gut bewertet sein wird.

Rebalancing

„Offensichtlich muss man nicht in der Lage sein, den Aktienmarkt vorherzusagen, um mit Aktien wirklich Geld zu verdienen."
-Peter Lynch

Rebalancing beschreibt den Vorgang, Deine ursprüngliche Portfoliostruktur nach einer bestimmten Zeit wieder herzustellen.

Dabei ist das Ziel, eine gewisse Diversifikation über verschiedene Anlageklassen aufrecht zu erhalten, um das Risiko einzugrenzen. Die Aufteilung des Vermögens auf verschiedene Anlageklassen (Aktien, Renten, Rohstoffe, Geldmarkt, usw.) alleine bewirkt schon eine Streuung des Risikos, weil jede Anlageklasse mit einer anderen unterschiedlich stark korreliert. Sollte es starke Verluste in der einen geben, hast Du weniger Verluste oder sogar einen Gewinn in der anderen.

Nehmen wir an, Du hättest Dein Vermögen auf zwei Anlageklassen aufgeteilt: 10% in Anlageklasse 1 (AK 1) und 90% in Anlageklasse 2 (AK 2). Im Zeitverlauf wird sich die prozentuale Aufteilung auf beide Anlageklassen verzerren. Der Grund liegt dabei in der unterschiedlichen Wertentwicklung Deiner Anlagen.

Wäre beispielsweise AK 1 konstant mit einer Rendite von 10% p.a. gestiegen und AK 2 konstant mit einer Rendite von 2%, dann würde nach 10 Jahren AK 1 prozentual doppelt so viel von Deinem Vermögen ausmachen wie noch vorher. Folgende Tabelle soll den Effekt veranschaulichen.

Zeitverlauf	AK 1	AK 2
-	10%	90%
1 Jahr	10,7%	89,3%
2 Jahre	11,4%	88,6%
3 Jahre	12,2%	87,8%
4 Jahre	13,1%	86,9%
5 Jahre	13,9%	86,1%
10 Jahre	19,1%	80,9%
15 Jahre	25,6%	74,4%
20 Jahre	33,5%	66,5%

Bei dem Rebalancing würdest Du die ursprüngliche Aufteilung von 10% in AK 1 versus 90% in AK 2 an einem bestimmten Stichtag regelmäßig wieder herstellen.

Rebalancing hat dabei die folgenden Vorteile:

- Es stellt Deine Risikobereitschaft bei stark divergierenden Renditeerträgen Deiner Kapitalanlagen wieder her. Du verhinderst dadurch, dass Du mehr Risiko eingehst, als Du eigentlich möchtest.

- Du bekommst eine klare Linie an die Hand, wann und wie Du Dein Portfolio „anpackst". Der Verlockung, eventuell doch ins Spekulieren zu verfallen, wird dadurch automatisch vorgebeugt.

- Deine Renditechancen erhöhen sich sogar, weil Du tendenziell antizyklisch handelst: In Hochphasen verkaufst Du teuer und in Tiefphasen kaufst Du günstig ein.

Besonders gut funktioniert das Rebalancing in sehr volatilen Märkten oder in fallenden Aktienmärkten (Bärenmarkt), da Du regelmäßig Gewinne mitnimmst und Verluste begrenzt. Steigen die Aktienmärkte (Bullenmark) sehr stark, so wie das in den letzten Jahren der Fall war, läuft man der Wertentwicklung allerdings hinterher.

Bisher hat bei mir ein Rebalancing darüber hinaus durch die Konzentration auf Aktien wenig Sinn gemacht. Sobald ich größere Positionen auch in anderen Anlageklassen aufgebaut habe, werde ich regelmäßig – jährlich oder halbjährlich – „rebalancen".

Steuern und Gebühren

„Transaktionssteuern wurden viele Jahre diskutiert, und ich erwarte, dass sie für viele weitere Jahre diskutiert werden."
-George Gideon Oliver Osborne, brit. Finanzminister

Wie bei jeder Investition musst Du die Kosten der Kapitalanlage Aktien in Deine Berechnungen mit einbeziehen, wenn Du auf vernünftige Ergebnisse kommen möchtest.

Folgende Kostenpunkte spielen eine Rolle:

- Laufende Depotkosten
- Transaktionskosten (Kosten für die Orderausführung: Provision für die Bank und Marktplatzgebühren, Spread)
- Steuern (Abgeltungssteuer, Solidaritätszuschlag und ggfs. Kirchensteuer)

Steuern

Während die ersten beiden Punkte von der Bank oder Direktbank festgelegt werden, bei der Du Dein Depot führst, bestimmt der Staat, welche Steuern er für Kapitalerträge (Abgeltungssteuer, früher Kapitalertragssteuer) verlangt. Diese werden dann direkt von der Bank einbehalten und an den Staat überwiesen. Über Deine private Einkommenssteuererklärung kannst Du Dir dann später einen Teil davon zurückholen.

Aktuell existiert ein Freibetrag (der sog. Sparerpauschbetrag) auf Kapitalerträge in Höhe von € 801,- pro Person[21] oder dem doppelten Betrag für Ehepartner (€ 1.602,-). Der Sparerpauschbetrag muss allerdings beantragt werden - entweder in Form eines Freistellungsauftrages (an die Bank) oder durch eine Nichtveranlagungsbescheinigung (beim Finanzamt). Falls Du das noch nicht gemacht hast, solltest Du das unbedingt tun - einfacher „verdient" man keine €801,- pro Jahr!

Die Kapitalertragssteuer (KESt.) beträgt in Deutschland 25% (Stand 2017) und in den USA, je nach Bundesland, zwischen 20% und 40%. Die Abgeltungssteuer wurde in Deutschland im Jahr 2009 eingeführt. Wenn Du dementsprechend Aktien, die Du noch bis Ende 2008 gekauft hast, wieder verkaufen möchtest, dann kannst Du dies sogar steuerfrei tun!

Die Abgeltungssteuer wird auf den Veräußerungsgewinn berechnet. Auf die Abgeltungssteuer wiederum wird der Solidaritätszuschlag in Höhe von 5,5% und zusätzlich die Kirchensteuer von aktuell ganzen 9% (in Bayern und Baden-Württemberg 8 Prozent) aufgeschlagen.

Wer Kirchensteuer zahlt, also offizielles Mitglied der Kirche ist, der bekommt dagegen auch einen kleinen „Rabatt" auf die Abgeltungssteuer. Anstelle von 25% werden lediglich 24,45% (Bayern und Baden-Württemberg 24,51%) berechnet.

Insgesamt kommt man so auf eine Kostenquote der Kapitalerträge von 27,99% (Bayern und Baden-Württemberg 27,82%). Wenn Du aus der Kirche austrittst beziehungsweise kein Mitglied bist, dann zahlst Du die komplette Abgeltungssteuer in Höhe von 25% und kommst mit dem Soli dementsprechend auf eine Kostenquote von 26,38%.[22]

Die wenigsten Menschen wissen, dass die Deutschen durch Kirchensteuer auf Kapitalerträge zu den größten Spendern der Kirche gehören. Die Kirche erhält regelmäßig und automatisch, durch die Zusammen-

---

[21] Gilt übrigens auch für Minderjährige.
[22] Weitere Details zur Berechnung findest Du hier: http://bit.ly/2i58nge

arbeit von Staat und Kirche, passives Einkommen in Höhe von 2,2% (Bayern und Baden-Württemberg 1,96%) der Kapitalerträge der Deutschen – vorausgesetzt, dass diese offizielle der Kirche beigetreten sind.

Hier ist ein Rechenbeispiel mit den steuerlichen Kosten (ohne Freibeträge) bei dem Verkauf einer Kapitalanlage (z.B. Aktien).

Investition	€ 10.000,-
Kurswert nach 1 Jahr	€ 10.200,-
Veräußerungsgewinn	€ 200,-
Abgeltungssteuer (24,45%)	€ 48,90
Solidaritätszuschlag (5,5%)	€ 2,69
Kirchensteuer (9%)	€ 4,40
Gutschrift	**€ 144,01**

Bei Deinen Überlegungen zum Verkauf einer Aktie solltest Du also immer auch den steuerlichen Aspekt im Hinterkopf behalten.

Wenn Dein persönlicher Steuersatz niedriger als 25% ist, dann kannst Du Dir zu viel bezahlte Steuern mit einer Günstigerprüfung über Deine Steuererklärung zurückholen.

Bei Kapitalanlagen im Ausland, etwa Aktien von ausländischen Unternehmen, wird Dir übrigens noch die Quellensteuer berechnet. Das ist derjenige Steuersatz, den das jeweilige Land, wo das Unternehmen gelistet ist, einbehält.

Durch diverse Doppelbesteuerungsabkommen (DBA) wird davon allerdings in der Regel nur ein Teil einbehalten. Zum Beispiel würden die USA normalerweise 30% Quellensteuer einbehalten, durch das DBA zwischen Deutschland und den USA sind es dann aber faktisch nur noch 15%. Auf die übriggebliebenen Kapitalerträge musst Du dann zwar noch die deutsche Abgeltungssteuer bezahlen, doch kannst Du die bereits bezahlte Quellensteuer darauf anrechnen lassen. Oftmals kümmert sich dabei die Bank um die korrekte Anrechnung, was Du allerdings bei einer Investition in ausländische Werte unbedingt vorab abklären solltest![23]

Wenn Du Verluste mit Aktien realisierst, kannst Du diese steuerlich mit den Gewinnen von anderen Aktien miteinander verrechnen, sodass Dein zu besteuernder Gewinn geringer ausfällt. Wenn Du, wie ich, bei lediglich einer Bank bist, übernimmt diese das automatisch für Dich. Falls Du bei mehreren Banken bist, dann musst Du von der Bank mit dem Verlustgeschäft eine Verlustbescheinigung anfordern und Deiner Steuererklärung beilegen.

Transaktions- und Depotkosten

Von dem Ergebnis werden noch die Transaktionskosten, die je nach Bank unterschiedlich hoch ausfallen, abgezogen. In der Regel sind Direktbanken, insbesondere bezüglich der Transaktionskosten, um einiges billiger als normale Banken. Manche Banken verlangen eine Pauschale und andere eine prozentuale Gebühr der Anlagesumme.

Nehmen wir Transaktionskosten in Höhe von €10,- und Marktplatzgebühren von € 2,- an, dann kämen wir bei dieser Order auf Kosten von € 69,25 oder 34,6% des Veräußerungsgewinns.

Anders herum bleiben Dir also von dem Veräußerungsgewinn noch €130,75 oder 65,4%. Definitiv ein wichtiges Kriterium bei einem Verkauf und bei der Wahl der grundsätzlichen Anlagestrategie!
Genau aus diesem Grund ist es sehr schwierig, mit ständigem Kaufen und Verkaufen wirklich Geld zu verdienen – beziehungsweise muss ein größeres Risiko eingegangen werden, um die Transaktionskosten zu kompensieren. Eine Value-Strategie kann dieser Problematik grundsätzlich entgegenwirken.

---

[23] Falls Du nicht automatisch von der Bank entlastet wirst, kann es sein, dass Du diese bei Deinem Finanzamt beantragen musst. Die entsprechenden Formulare findest Du hier: http://bit.ly/2uZfM1u

Darüber hinaus bezahlst Du, ohne dass Du es wirklich merkst, den sogenannten „Spread". Das ist die Preisdifferenz zwischen Verkaufs- und Kaufpreis. Du zahlst beim Kauf also immer etwas mehr, als Du für einen Verkauf bekommen würdest.

An Kosten kommt noch die monatliche Depotführungsgebühr hinzu, die unabhängig von Deinen Käufen und Verkäufen berechnet wird. Mittlerweile beträgt diese bei den meisten Direktbanken jedoch € 0,-. Manche Institute verlangen jedoch eine Mindestanlage beziehungs- weise Mindestgröße des Depots.

Bei Dividendenauszahlungen entfallen im Übrigen die Transaktions- kosten. Trotzdem werden die Dividendenzahlungen vom Staat als Kapi- talerträge interpretiert, auch wenn die Aktienkurse gerade grotten- schlecht sein sollten und dadurch Deine Investition theoretisch an Wert verloren hat. Es zählt, dass Du praktisch eine Auszahlung von Kapital- erträgen bekommst.

Weiterführende Gedanken

Was bedeutet das nun für eine Dividendenstrategie? Es bedeutet, dass Du jährlich (in Deutschland) auf Deine Dividendengutschriften Kapital- ertragssteuer (inkl. Soli und Kirchensteuer) zahlen musst. Übrigens auch, wenn Du die Gewinne direkt am gleichen Tag wieder reinves- tierst! Trotzdem macht eine Reinvestition der Gewinne grundsätzlich Sinn, um vom Zinseszins zu profitieren – selbstverständlich vorausge- setzt, der Betrag ist groß genug, damit die Transaktionskosten nicht so stark ins Gewicht fallen.
Um die ständigen Steuerzahlungen zu umgehen, könntest Du auf die Idee kommen, alternativ auf Unternehmen, wie aktuell beispielsweise Amazon, Facebook und Google (Alphabet), zu setzen, die keine Divi- dende auszahlen. Bei ihnen stecken die Gewinne in den Kursen, werden aber nicht an die Aktionäre ausgeschüttet, sondern ins Unternehmen

und Projekte investiert. Während der Aktienkurs von einem dividendenausschüttenden Unternehmen am Tag der Dividendenzahlung um diesen Betrag dezimiert wird, bleibt der Kurs bei den Unternehmen ohne Dividende davon unbeeinträchtigt.

Selbstverständlich handelt es sich dabei in erster Linie um eine Verschiebung der Steuerschuld in die Zukunft. Verkaufst Du eines Tages nämlich Deine Papiere wieder, dann zahlst Du in diesem Zug die Kapitalertragssteuer auf den gesamten Veräußerungsgewinn. Im vorherigen Beispiel hattest Du bereits auf einen Teil des kompletten Veräußerungsgewinns Kapitalertragssteuer bezahlt, nämlich auf den Teil, der als Dividende ausgeschüttet wurde.

Meistens ist es sogar sinnvoller, jährlich auf einen Teil des Gewinnes Kapitalertragssteuer zu zahlen, um den jährlichen staatlichen Freibetrag auszuschöpfen und seine Aufwendungen dagegen zu rechnen. Bekommst Du den gesamten Veräußerungsgewinn in einem Jahr ausgeschüttet, kannst Du den Freibetrag lediglich einmal anrechnen und nur die Aufwendungen des laufenden Jahres für eine Steuererstattung gegenrechnen.

Wenn Du Deinen Freibetrag allerdings eh ausschöpfst, könnte es sinnvoll sein, erst später die Steuern auf die Kapitalerträge zu zahlen, da durch die Inflation jeder zukünftige Euro weniger wert ist als jeder Euro heute. Hinzu kommt, dass die Firmen unter Umständen besser wirtschaften, wenn sie die nicht gezahlten Dividenden gewinnbringend investieren.

Unabhängig davon, ob ein Unternehmen Dividende zahlt oder nicht, sollten für Dich vor einer Investition jedoch an erster Stelle die Qualität und die Zukunftsaussichten des betrachteten Unternehmens stehen.

Deine Aktienstrategie

„Vor langer Zeit hat mich Ben Graham gelehrt: ‚Preis ist, was Du zahlst und Wert ist, was Du kriegst.' Ob wir über Socken reden oder Aktien, ich bevorzuge es, Qualitätsware zu kaufen, wenn die Preise günstig sind."
-Warren Buffet

Gerade als Börsenfrischling ist man schnell von den vielen Möglichkeiten überfordert, die einem die internationalen Börsen bieten. Es gibt tausende von Aktienunternehmen, die alle irgendwo ihre Berechtigung haben und eine Investition unter verschiedenen Gesichtspunkten sinnvoll erscheint.

Am Ende des Tages zählt, für welche Unternehmen Du Dich letztendlich entschlossen hast. Zum einen könntest Du Deine Investitionen vervielfachen, zum anderen alles verlieren. Umso wichtiger ist es, dass Du eine messbare Strategie für Deine Investitionen hast.

Die folgenden Kriterien und Strategien sollen Dir bei Deiner Anlageentscheidung helfen.

Dividenden

„Wissen Sie, was mir wirklich Freude bereitet? Die
einlaufenden Dividenden auf meinem Konto."
- John D. Rockefeller

Ob die Unternehmen eine Dividende zahlen oder nicht, sagt erst einmal gar nichts über die Qualität des Unternehmens selbst aus. Wer einen Teil seiner monatlichen Lebenserhaltungskosten mit seinen Finanzanlagen decken möchte, der sollte vor allem dividendenstarke Werte im Portfolio halten.

Je mehr Dividendenaktien Du hältst, desto größer wird Dein passiver Geldstrom, den Du Dir mit ihnen aufbaust.

Grundsätzlich gibt es die beiden Extreme: „Ansparphase" (Vermögensaufbau) und „Entsparphase" (Vermögensabbau). Dabei baut man sich sein Leben lang ein Vermögen auf, während man schließlich im Alter, im Idealfall, gut von seinen Anlagen leben kann. In dem Fall wäre es besser, mit steigendem Alter in Unternehmen zu investieren, die höhere Dividenden zahlen.

Während der Ansparphase kann es Dir letztendlich egal sein, ob die Unternehmen eine Dividende auszahlen oder nicht. Dann wirst Du nämlich sinnvollerweise von Deiner aktiven Arbeit leben und die Dividende wieder reinvestieren, um so noch stärker vom Zinseszins zu profitieren.

In der Entsparphase macht es dagegen umso mehr Sinn, Dividendentitel zu halten. Zum einen musst Du dann nicht jedes Mal Transaktionsgebühren zahlen, wenn Du mal Geld brauchst. Zum anderen bekommst Du die Dividenden ausgezahlt, behältst gleichzeitig aber die Unternehmensanteile. Wenn Dein Vermögen in Dividendentitel entsprechend groß genug ist, könntest Du so ausschließlich von der Dividende Leben.

So eine Dividendenstrategie ist vielleicht relativ langweilig und langfristig angelegt, aber dennoch willst Du Dein Vermögen ja nicht aufs Spiel setzen. Dafür hast Du Dein Risikokapital, welches mit steigendem Alter und Vermögen tendenziell einen kleineren Anteil am Gesamtportfolio ausmachen sollte.

Bei den Unternehmen solltest Du regelmäßig evaluieren, wie sicher die Rendite auch in Zukunft wohl noch sein wird. Wie hat sich das Unternehmen in der Vergangenheit in Krisenzeiten verhalten? Wurden Dividenden gekürzt oder ausgesetzt?

Eine gute Möglichkeit, die vergangenen Dividendenzahlungen, Informationen und Neuigkeiten über verschiedene Unternehmen einzusehen, bieten Dir bekannte Finanzportale im Internet. Folgende Portale eignen sich gut dafür:

finanzen.net
onvista.de
godmode-trader.de
wallstreet-online.de
divdata.com

Auf divdata.com kann man sich sehr gut die historischen Dividendenzahlungen von US-Unternehmen anzeigen lassen.

Für den DAX habe ich Dir diejenigen Unternehmen herausgesucht, die in den letzten Jahren die höchsten absoluten Dividenden aufwiesen.

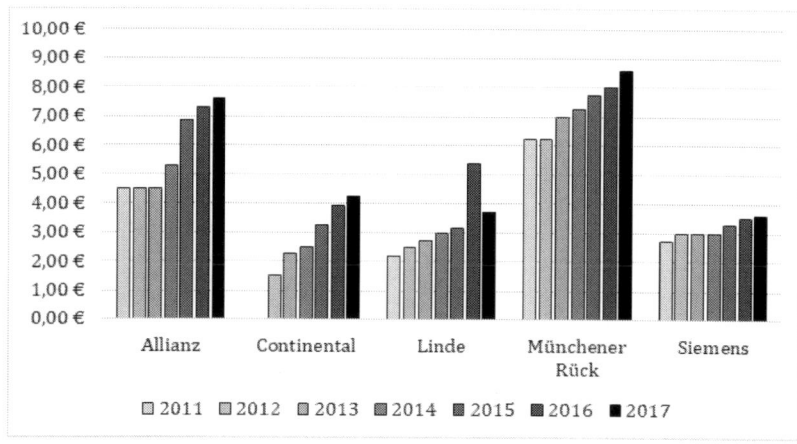

Quelle: Eigene Darstellung, finanzen.net.

Wie Du siehst, konnte alle diese Unternehmen im betrachteten Zeit-raum, bis auf Linde, ihre Dividendenauszahlungen stetig aufrecht erhalten oder sogar erhöhen.

Gleichzeitig muss man sich anschauen, für wie viel Geld die Rendite eingekauft wurde.[24] Die Dividendenrendite definiert sich aus der Divi-dende einer Aktie, geteilt durch ihren Kurs zu dem Zeitpunkt. Multipli-ziert man anschließend mit 100 kommt man auf die absolute Prozent-zahl.

Dividendenrendite = (Dividende/Kurs)*100

Die Dividendenrendite wird Dir auch direkt auf den einschlägigen Web-seiten direkt angezeigt, ohne dass Du diese extra berechnen musst.

Das Interessante an der Dividendenrendite ist, dass diese eben nicht nur durch die Dividende bestimmt wird, sondern auch und eigentlich noch viel stärker durch den Aktienkurs. Dadurch, dass der Kurs unterm

---

[24] Eine gute Übersicht findest Du auch hier: http://bit.ly/2vGTDbY

Bruchstrich steht, können Kursschwankungen dafür sorgen, dass die Dividendenrendite mit einem Schlag viel höher oder niedriger ausfällt.

Tatsächlich ist es sogar so, dass die Dividende eher eine konstante Variabel ist und der Aktienkurs variabel. Trotzdem sind die Dividenden natürlich nicht in Stein gemeißelt. So kann ein Unternehmen auf seiner Hauptversammlung auch beschließen, dass die Dividende komplett gestrichen wird.

Somit ist die Dividendenrendite mit viel Vorsicht zu genießen und bietet überhaupt kein alleiniges Anlagekriterium!

Ist die Dividendenrendite in früheren Jahren eher mickrig gewesen und schnellt anschließend in die Höhe, ist dies eher ein Indikator dafür, dass es dem Unternehmen schlecht geht. Anleger verkaufen die Aktie, der Kurs fällt und dadurch wird die Dividendenrendite größer.

Manchmal wird im Internet auch nur die erwartete Dividendenrendite angezeigt. Dann steht hinter der Rendite ein kleines „e". Diese ist natürlich überhaupt nicht in Stein gemeißelt und kann sich jederzeit ändern.

Darüber hinaus könnte es sein, dass manche Manager die Dividende erhöhen, obwohl es dem Unternehmen schlecht geht und dies eigentlich nicht angebracht wäre. Manchmal wird sogar Fremdkapital aufgenommen, um die Dividendenzahlung aufrecht zu erhalten oder zu erhöhen. Wenn ein Unternehmen seine Dividenden nicht durch den erwirtschafteten Gewinn zahlen kann, solltest Du Dir ernsthaft Gedanken machen. Dann ist das Unternehmen fundamental eher überbewertet und es drohen künftige Kursverluste.

Schlussendlich kaufen Unternehmen manchmal ihre eigenen Aktien wieder zurück, was ebenfalls zu einer Steigerung der Dividendenrendite führt. Das Angebot wird dadurch bei einer gleich bleibenden Nachfrage verkleinert. In der Konsequenz steigt der Kurs.

Aus den genannten Gründen ist es am besten, wenn Du Dir Deine *persönliche Dividendenrendite* ausrechnest.

Diese berechnest Du ganz einfach indem Du die Dividende statt auf den aktuellen Aktienkurs, auf Deinen eigenen Kaufkurs beziehst:

Dividendenrendite = (Dividende/Dein Kaufkurs)*100

Je niedriger also Dein Kaufkurs war, desto höher fällt Deine tatsächliche, persönliche Dividendenrendite aus.

Um auf ein brauchbares Ergebnis hinsichtlich der Ausschüttung zu kommen, musst Du jetzt fairerweise noch die Steuern abziehen. Dafür multiplizierst Du einfach das Ergebnis Deiner persönlichen Dividendenrendite mit 0,721.[25] Von der persönlichen Dividendenrendite bleiben Dir also nur 72,1%. Hattest Du beispielsweise eine persönliche Dividendenrendite von 3%, dann wären das nach Steuern nur noch 2,163%.

Wenn Du monatliche Ausgaben in Höhe von €1.000,- decken willst dann berechnet sich das benötigte Vermögen wie folgt:

Jahresbedarf: €1.000,-*12 Monate = €12.000,-

Die 2,163% sollen die €12.000,- sein und mit Deinem Vermögen x multipliziert werden:

0,02163*x = €12.000,-

=> x= €12.000,- / 0,02163 = € 554.785,02

---

[25] Genau genommen mit (1-0,2799), bei einem angenommen Steuersatz von 27,99%, der Kirchensteuer und Soli enthält. Siehe dazu auch das Kapitel über Steuern.

Um einen monatlichen Bedarf mit Dividenden in Höhe von €1.000,-
decken zu können, brauchst Du also ein Vermögen von einer guten
halben Millionen Euro. Dieses Vermögen muss Dir eine durchschnittliche persönliche Dividendenrendite von mindestens 3% bescheren,
damit Du nach Steuern noch ca. 2,2% Rendite herausbekommst.

Zinseszins-Effekt

„Der Weg zum Reichtum hängt hauptsächlich an
zwei Wörtern: Arbeit und Sparsamkeit."
-Benjamin Franklin

Um vom Zinseszins-Effekt zu profitieren, solltest Du, wenn möglich, Deine Dividendeneinnahmen immer zeitnah wieder reinvestieren. Bei Unternehmen, die keine Dividende ausschütten, passiert das automatisch, da die Gewinne im Unternehmen bleiben.

Die folgende Grafik veranschaulicht den Effekt.

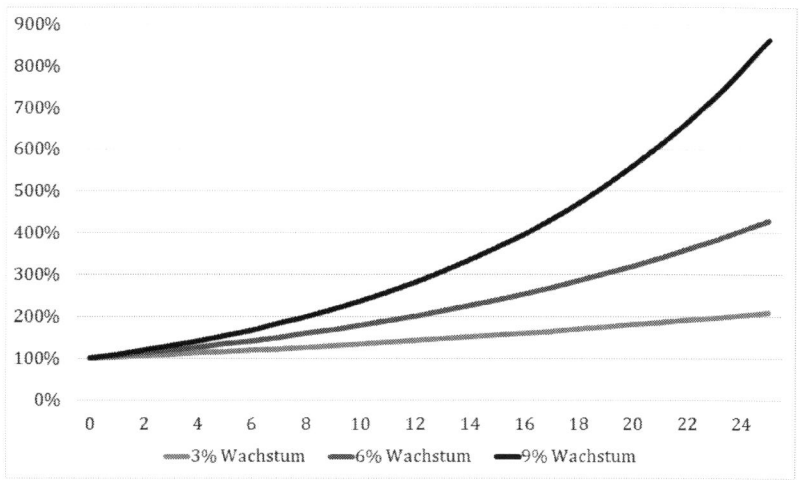

Quelle: Eigene Darstellung und Berechnung.

Wenn wir von einer Kursentwicklung von 6% p.a. ausgehen, dann würde Dein Portfolio bei einer nicht reinvestierten Dividendenrendite von 3% nur noch 3% p.a. wachsen. Dein Portfolio würde sich dann nach 23 verdoppelt haben. Reinvestierst Du die Dividende allerdings direkt ins gleiche Unternehmen, dann würde sich Dein Portfolio bereits nach 11 Jahren verdoppelt haben und nach 24 Jahren vervierfacht. Steuern oder die Inflation sind dabei jedoch nicht berücksichtigt.

Zum Vergleich habe ich noch ein Investitionswachstum von 9% eingetragen. In diesem Fall würdest Du Deine Investition innerhalb von 8 Jahren verdoppeln und nach 27 Jahren hättest Du es verzehnfacht! Hättest Du in dem Beispiel also € 10.000,- investiert, dann wäre es vor Steuern und Gebühren nach 8 Jahren € 20.000,- wert und nach 27 ganze € 100.000,-.

Das ist der enorme Zinseszins-Effekt, der gerne unterschätzt wird. Wenn Du es also schaffst, jedes Jahr zusätzlich Geld beiseitezulegen und zu investieren, dann kannst Du Deine Rendite nachhaltig steigern. Vorausgesetzt natürlich, dass Du auch in die richtigen Unternehmen investierst.

Diversifizierung versus Konzentration

„Der einzige Investor, der nicht diversifizieren sollte ist der,
der immer 100 % richtig liegt.“
-John Templeton

Grundsätzlich ist es gut, seine Investments zu diversifizieren, also nicht sein komplettes Vermögen auf nur ein Pferd zu setzen. Setzt Du alles auf nur eine Karte und die Rechnung geht nicht auf, dann kannst Du Dein Vermögen ganz schnell dezimieren oder auch komplett verlieren.

Doch wie stark solltest Du diversifizieren und auf wie viele Pferde solltest Du setzen?

Es gibt eine ganze Reihe von Möglichkeiten, Dein Risiko zu streuen:

*   International statt national oder regional
*   Branchenübergreifend statt branchenkonzentriert
*   Anlageklasseübergreifend statt nur eine Anlageklasse
*   Risikodivers statt risikomonoton
*   Small, Middle und Large Caps (Unternehmensgröße)
*   Kurzfristige, mittelfristige und langfristige Investitionen
*   Start-ups versus etablierte Unternehmen
*   Unterschiedliche Anlagestrategien
*   Renditeorientiert versus Substanzerhalt
*   Dividendenstarke Unternehmen versus dividendenschwache

Grundsätzlich empfiehlt sich: Je größer Dein Vermögen, desto stärker sollte diversifiziert werden, um Klumpenrisiken zu vermeiden. Doch wie groß ist groß und wie stark ist stark?

Um eine Antwort auf diese Frage zu finden, solltest Du Dir klar machen, welches Risiko Du mit Deinen Investitionen eingehst. Investierst Du sehr konzentriert auf etwa nur eine Branche, ein Land oder einen Unternehmenstyp, dann existiert ein erhöhtes Risiko, wenn es der Branche, dem Land, dem Unternehmenstyp wirtschaftlich schlecht geht. Bei internationalen Investitionen kommt meistens noch das Währungsrisiko hinzu, welches die Unternehmensentwicklung überlagern könnte. Jede Investmentmedaille hat immer mindestens 2 Seiten, welche Du Dir vor Deiner Investition bewusst machen musst.

Schlussendlich ist das Wichtigste, dass Du Dich mit Deinen Investitionen wohl fühlst und Dein Investment verstehst.

Anlagediversifikation

„Konzentrieren Sie ihre Investments. Wenn Sie über einen Harem
mit vierzig Frauen verfügen, lernen Sie keine richtig kennen. "
-Warren Buffet

Objektiv betrachtet stellt meine eigene Anlagestrategie durch die starke Konzentration auf Aktien ein erhöhtes Risiko dar. Experten empfehlen oftmals, mindestens 25% in Anleihen und einen Teil in Edelmetalle zu investieren, falls die Aktienmärkte einmal schlecht laufen. Andere typische Aufteilungen des Vermögens sind 60% in Aktien und 40% in Anleihen oder 25% jeweils in Aktien, Anleihen, Edelmetalle und Cash.

Für mich kam dies jedoch bisher nicht in Frage, da ich mich nicht ausreichend gut mit Anleihen und Rohstoffen auskenne und meine Finanzen ungern in fremde Hände gebe. Aktien sind für mich einfach viel greifbarer und ich weiß, wie meine Rendite erwirtschaftet wird. Das Risiko, das ich damit eingehe, ist, dass ich im Krisenfall unter Umständen über Jahre nicht verkaufen möchte, weil die Kurse im Keller sind. Das betrifft mich jedoch nur dann negativ, wenn ich das Geld, über die Dividende hinaus, unbedingt brauche.

Mittlerweile ist der DAX mit diesem Jahr (2017) das sechste Jahr in Folge gewachsen. Historisch gesehen gab es sechs aufeinanderfolgende positive Jahre erst ein einziges Mal in der Geschichte des DAX. Anschließend gab es dann im symbolischen siebten Jahr, 1987, ein Negativjahr mit einer Performance von -30,18%!

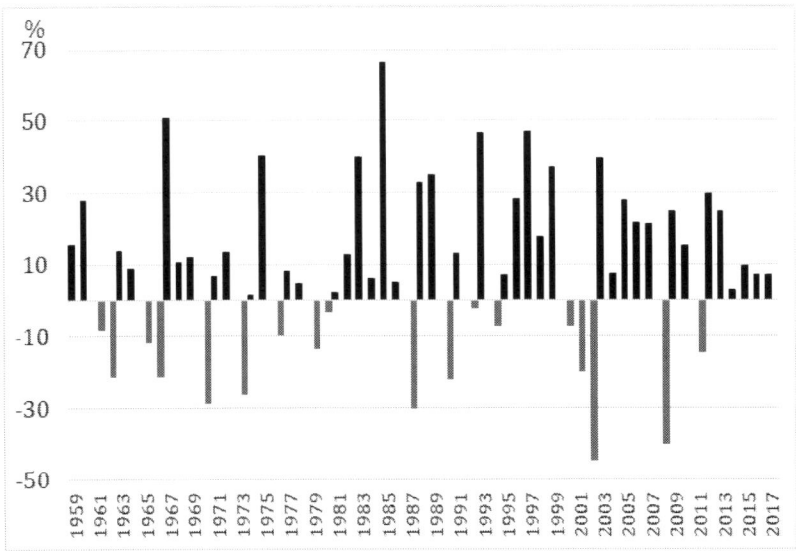

Quelle: Eigene Darstellung, finanzen.net.

Es ist also gar nicht so unwahrscheinlich, dass es bald zu einer Konsolidierung kommen könnte – die perfekte Einstiegsmöglichkeit! Dennoch muss es natürlich auch (noch) nicht dazu kommen, wenn die Zentralbanken weiterhin Unmengen an „frischem" Geld in die Märkte pumpen.

Zur Absicherung werde ich nach und nach auch einen Teil meines Vermögens in andere Anlageklassen, wie P2P-Kredie, investieren. Insgesamt wird es aber weiterhin der deutlich geringere Anteil sein.

Aktieninvestments bieten noch zwei große Sicherheits-Vorteile: Zum einen zählen sie zum Sondervermögen. Das bedeutet, dass die Bank, bei der Du Dein Aktiendepot führst, pleitegehen kann und Dein Depot davor sicher ist. Du kannst einfach anweisen, Deine Aktien in ein anderes Depot (bei einer anderen Bank) zu übertragen und Du bist raus.

Zum anderen können Aktien auch als eine Art Sachwert interpretiert werden. Sollte einmal das gesamte Finanz- und Geldsystem zusammenbrechen, dann ist eine Aktie immer noch eine Beteiligung an einem Unternehmen, welches zu einem kleinen Teil Dir gehört.

So oder so solltest Du für Dich entscheiden, auf wie viele Anlageklassen (Aktien, Anleihen, Rohstoffe, Immobilien, Geldmarkt, usw.) Du Dein Vermögen aufteilen möchtest. Jede weitere Anlageklasse erhöht dabei den Diversifikationsgrad Deines Portfolios, aber auch den zeitlichen Aufwand. Dein Portfolio wird robuster in schlechten Jahren für eine bestimmte Anlageklasse. Dein Chance-Risiko-Profil verbessert sich, je unkorrelierter die einzelnen Anlagen dabei zueinander sind (Vergleiche Portfoliotheorie nach Markowitz).

Eine gute Möglichkeit, ohne Vorkenntnisse über verschiedene Anlageklassen zu diversifizieren, bieten Dir kostengünstige ETFs oder ETCs (Exchange Taded Commodities).

International versus national

„Was ein Investor wirklich braucht, ist das Können,
ausgewählte Unternehmen korrekt zu evaluieren.
Man bemerke dabei das Wort ‚ausgewählt':
Man muss kein Experte für alle Unternehmen sein
und noch nicht einmal für viele."
-Warren Buffet

Am besten seine ganzen Investitionen weltweit streuen?

Grundsätzlich ist dies eine gute Idee, dennoch ist es wesentlich schwieriger, sich über fremde, als über heimische Unternehmen zu informieren und das Risiko einzuschätzen, welchem sie momentan politisch und wirtschaftlich ausgesetzt sind.

Hinzu kommt das Währungsrisiko, sprich der Wechselkurs könnte Dir zum einen Deine Dividendeneinnahmen vermasseln und Dich zum anderen daran hindern, die Wertpapiere trotz Kurssteigerungen gewinnbringend zu verkaufen.

Diese beiden Argumente sprechen eindeutig dafür, sich zumindest mit dem Heimatmarkt zu beschäftigen. Natürlich besteht bei einer ausschließlichen Konzentration auf Deutschland ein Risiko, wenn wir im Falle eines Wirtschaftsabschwunges proportional stärker verlieren sollten als andere Länder.

Ich selbst sehe die deutsche Wirtschaft als eine der robustesten und stärksten weltweit an. Insbesondere unsere geografische Lage im Herzen Europas wird immer eine besondere wirtschaftliche Rolle spielen. Darüber hinaus sind wir sehr stark exportorientiert aufgestellt, welches nicht nur unserer Leistungsbilanz zugutekommt, sondern für eine stetige Wettbewerbsfähigkeit der deutschen Unternehmen führt. Allerdings könnte sich eine internationale Abschottung unserer Handelspartner (z.B. von den USA), negativ auf unser Wirtschaftswachstum auswirken.

Wer sein Geld in Deutschland investiert, der tut es etlichen ausländischen Investoren gleich. Nicht zuletzt ist dies auch der Grund, weshalb die Eigentümerstruktur des DAX mehr Ausländer (63,7%) als Inländer (36,3%) zählt. Privaten Haushalten in Deutschland gehörten Ende Mai 2014 nur etwa 4,7% des DAX.[26] Das ist weniger, als dem amerikanischem Hedgefonds Blackrock von den meisten DAX-Unternehmen![27] Warum also nicht auch selbst davon profitieren?

Dennoch sollte Dein Depot zu Diversifikationszwecken auch starke ausländische Unternehmen beinhalten. Insbesondere gibt es eine Reihe an US-Unternehmen (siehe Kapitel Dividendenaristokraten), die seit Jahrzehnten weltweit erfolgreich agieren.

Zum einen kannst Du so von den unterschiedlichen Ausschüttungszeitpunkten profitieren und zum anderen an dem Wachstum international erfolgreicher Unternehmen partizipieren. Letzteres sollte dabei das deutlich stärkere Argument sein. Zwar ist die deutsche Wirtschaft robust, aber eben auch nicht krisensicher.

Eine gute Möglichkeit, mit wenig Zeitaufwand möglichst kostengünstig und international zu diversifizieren, bieten Dir verschiedene ETFs.

---

[26] Deutsche Bundesbank Monatsbericht Sept. 2014, S. 27: http://bit.ly/2uD5DZ5
[27] Bericht auf WELT und N24: http://bit.ly/2vS6B7N

Exchange Traded Funds

„Es sind immer die einfachsten Ideen, die
außergewöhnliche Erfolge haben."
-Leo N. Tolstoi

Exchange Traded Funds (ETFs) bieten Dir die Möglichkeit, Deine Investitionen relativ kostengünstig zu diversifizieren. Das Thema ETF ist momentan in aller Munde – nicht zuletzt sind mittlerweile weltweite Geldvermögen in Höhe von 3,5 Billionen US-Dollar in ETFs investiert (Stand Ende 2016).[28] In den USA überstieg 2017 der Marktanteil passiver Indexfonds an den Neuanlagen in Aktienfonds den der aktiv gemanagten.[29] Solltest Du also auch in einen ETF investieren oder nicht?

Wie bei allen Entscheidungen hängt dies von Deinen Intentionen ab. Folgende Vor- und Nachteile bietet Dir eine Investition in ETFs.

1. ETFs sind extrem günstig – im Vergleich zu aktiven Fondsmanagern. Du zahlst eine Verwaltungsgebühr, eine kleine prozentuale Gebühr jedes Jahr, die aktuell zwischen 0,05 % und 0,99 % Deines angelegten Geldes liegt.[30] Bei € 10.000,- wären das demnach jährlich Kosten zwischen € 5,- und € 99,-. Je spezieller der ETF, desto teurer. Bei direkten Investitionen in Aktien entfällt dagegen die Verwaltungsgebühr (außer man nutzt eine Vermögensverwaltung). Ab einem Vermögen von mehreren Millionen Euro lohnt es sich darüber hinaus aufgrund ebendieser laufenden Kosten eher, sein Portfolio mit Einzeltiteln zu diversifizieren.

2. Mit ETFs kannst Du ohne großes Know-how über viele verschiedene Anlageklassen investieren. Verschiedene Anbieter bieten auch die Möglichkeit des automatischen Rebalancings.

---

[28] Weitere Infos auf der Webseite des ICI: http://bit.ly/2i7QBsK.
[29] Vergleiche Capital Serie ETF-Revolution Folge 1 (Capital, Juli 2017, S.109-116)
[30] Stand: 13.08.2017 auf justETF.de.

Einziger Nachteil: Du bleibst auch nach der Investition noch ohne großes Know-how. Das bedeutet, dass Du gar nicht unbedingt weißt, welche Titel sich genau in Deinen ETFs stecken. Einzelwerte, etwa von Unternehmen mit fragwürdigen ethischen Praktiken, können nicht gezielt ausgeschlossen werden! Bei einer direkten Investition in Aktien weißt Du genau, von welchem Unternehmen Du nun Miteigentümer bist.

3. Viele ETFs sind sparplanfähig. Das bedeutet, dass Du bei Deiner Bank einen Dauerauftrag anlegen kannst und dadurch automatisch sparst und anlegst.

Nach dem Motto, sich mit seinem verdienten Geld selbst zuerst zu bezahlen (vor anderen Ausgaben und Verpflichtungen, die in dem jeweiligen Monat anfallen), wird Anfang des Monats ein Fixbetrag von Deinem Konto eingezogen und in von Dir definierte ETFs angelegt.

Bei einer Investition in Aktien dagegen kann es dazu kommen, dass man erst einen bestimmten Betrag ansparen möchte, bevor man investiert. Kleine Beträge machen wegen den Transaktionskosten dagegen keinen Sinn. Du partizipierst dementsprechend erst ab dem Zeitpunkt der Investition an Kursverläufen.

Darüber hinaus könnte es auch sein, dass man eine Investition aus psychologischen Gründen immer weiter aufschiebt, weil gerade die Kurse nicht gut sind, doch noch weitere Informationen über Unternehmen zusammengetragen werden müssen und so weiter.

Du kannst diesen beiden Problematiken mit einem strategischen Plan entgegenwirken, indem Du zum Beispiel immer an einem bestimmten Tag im Jahr investierst. Ein ETF-Sparplan ist jedoch immer noch einfacher und erfordert darüber hinaus theoretisch keinen zusätzlichen Zeitaufwand mehr.

Genau aus diesem Grund empfehle ich Dir auch, einen ETF-Sparplan einzurichten. Er bietet eine sinnvolle Ergänzung zu einer Direktinvestition in Aktien.

4. Ein Nachteil von einer Investition in ETFs ist, dass Du Dein Stimm-recht der Fondsgesellschaft schenkst, bei der Du den Fonds kaufst. Bei einer Direktinvestition in Aktien kannst Du das Stimmrecht dagegen selber ausüben, wenn Du möchtest.

Der Markt für Indexfonds wird momentan von wenigen Fonds-gesellschaften dominiert (im Fachjargon „Oligopol"). So teilen sich vor allem Blackrock (iShares) mit 36%, Vanguard mit 18% und Sta-teStreet (SPDR) mit 15% den Markt in den USA untereinander auf. Alle sonstigen Anbieter kommen dort zusammen genommen gerade einmal auf 31%.[31]

Diese drei Fondsgesellschaften haben also eine enorme Marktmacht und durch die übertragenen Stimmrechte eben auch ein großes Mit-spracherecht bei den Konzernen. Blackrock besitzt beispielsweise um die fünf Prozent von sämtlichen DAX-Unternehmen.

Da diese Fondsgesellschaften bei sämtlichen Unternehmen inves-tiert sind, haben sie per se gar kein Interesse an einem zu starken Wettbewerb.[32] Der Profit der Branche ist nämlich dann größer, wenn es eine Art Oligopolstellung zwischen den Branchenriesen gibt.

Durch den tendenziell ausgeschalteten Wettbewerb entstehen dem Konsumenten Kostennachteile. Das kann Dir in erster Linie als Investor natürlich egal sein, doch gesamtwirtschaftlich betrachtet ist es unschön und könnte unser Wirtschaftssystem nachhaltig beeinflussen.

5. Schlussendlich solltest Du Dir bei einer Investition in ETFs auch die Replikationsmethode des jeweiligen Produktes anschauen. Die wenigsten ETFs werden 1:1 physisch repliziert, sondern mithilfe einer synthetischen Replikation oder einer repräsentativen Sam-pling Strategie dargestellt. Bei einer synthetischen Replikation kommt beispielsweise noch ein Kontrahentenrisiko hinzu, da die Replikation unter anderem aus Tauschgeschäften (Swaps) besteht.

---

[31] Quelle: First Bridge ETP Global Database.
[32] Siehe Gastbeitrag FAZ vom 30.07.2016: http://bit.ly/2uJ4VxI

Je nachdem, nach welchem selbst auferlegtem Regelwerk der jeweilige ETF läuft, kommt es zu einer Verzögerung oder Verzerrung bei dem Kursverlauf des ETFs und des abzubildenden Indexes. Manche ETFs sehen vor, dass bestimmte Werte des Indexes ausgeschlossen werden und manche verleihen sogar Deine Aktien, um eine zusätzliche Rendite zu generieren, beziehungsweise die Transaktionskosten zu kompensieren.

Als Schlussfolge solltest Du, wenn Du in ETFs investieren möchtest, die Beschreibung und Anlageinformationen genau studieren.[33]

Ich persönlich denke, dass ETFs eine tolle und einfache Möglichkeit bieten, Dein Portfolio zu diversifizieren. Der Sparplanaspekt ist darüber hinaus genial und hilft einem beim regelmäßigen Sparen und Investieren. Alle Anlageklassen, die man selbst nicht abdecken kann oder möchte, können einfach mit ETFs dargestellt werden.

---

[33] Buchempfehlung zu ETFs: *Die Faulbär-Strategie zur Million*

S-DAX, M-DAX und TecDAX

„Willst du etwas wissen, so frage
einen Erfahrenen und keinen Gelehrten."
-Chinesisches Sprichwort

Eine interessante Entwicklung, die ich Dir nicht vorenthalten möchte, ist die der kleineren, mittleren und Tech-Unternehmen in Deutschland.

Im M-DAX sind die 50 größten deutschen Industrieunternehmen enthalten, die nach dem DAX (30 Unternehmen) kommen. Alle M-DAX Unternehmen haben einen frei handelbaren Börsenwert von mehr als 1 Milliarde Euro.

Im S-DAX sind wiederum die 50 nächstgrößten Werte enthalten, die nach dem M-DAX kommen. Während ca. 10-15 S-DAX-Titel noch sehr liquide sind, wird es bei der unteren Hälfte deutlich zäher - zumindest um für größere Investoren interessant zu sein.[34]

Der TecDAX enthält die 30 größten, hauptsächlich in Deutschland tätigen, Technologieunternehmen, die nach den DAX-Unternehmen kommen.

Während die meisten Anleger vor allem auf den berühmten DAX schauen, haben sich die Unternehmen von M-DAX, S-DAX und TecDAX hervorragend entwickelt.

Wie Du sehen kannst, haben alle drei Indices den DAX klar outperformt. Startpunkt ist der Mitte März 2003, als die Effekte der geplatzten Dotcom-Blase wieder abgeklungen waren. Nach der Immobilien- und Finanzkrise 2009 waren die Indices wieder gleichauf und begannen dann ihre Aufholjagd.

---

[34] FAZ vom 01.06.2017, Nr. 126, S. 27.

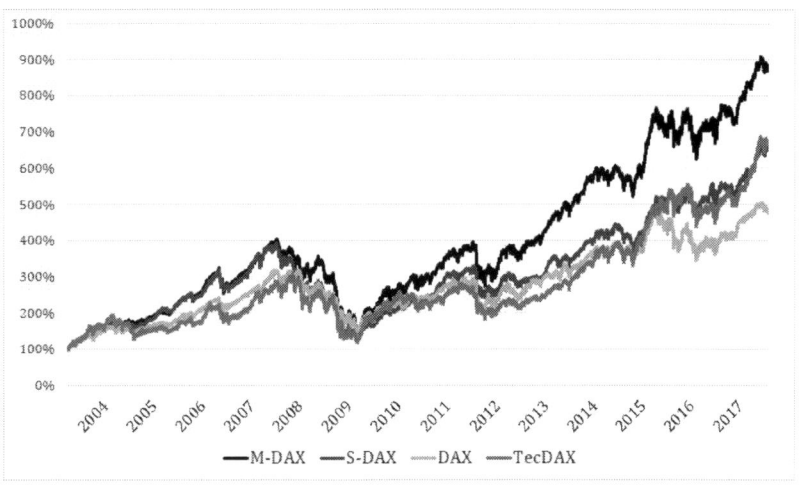

Quelle: Eigene Darstellung, ariva.de.

Eindeutiger Gewinner ist der M-DAX, der am Ende der Laufzeit schon fast doppelt so hoch notiert, wie der DAX. Wenn Du Dir den Startpunkt beim Tiefpunkt im Jahr 2009 denkst, dann wäre das für den M-DAX eine Verneunfachung seiner Investition innerhalb von 8 Jahren!

Wie Du Dir sicher denken kannst, lohnt sich der Blick über den Tellerrand hinaus und man kann durchaus eine ordentliche Rendite mit mittelständischen, börsennotierten Unternehmen erzielen.

Das ist natürlich kein Versprechen für eine zukünftige Kursentwicklung, doch gerade M-DAX Unternehmen besitzen ein tolles Wachstumspotential und sind dynamischer als DAX-Unternehmen, die viele Jahre des starken Wachstums bereits hinter sich gebracht haben. Schaut man in die Vergangenheit, so konnten sich die mittelgroßen Unternehmen auch schneller von einer Wirtschaftskrise erholen.

Buy-and-hold (Value-Strategie)

„Wenn wir einen Teil eines herausragenden Unternehmens
mit herausragendem Management besitzen, dann ist
unsere bevorzugte Haltedauer für immer."
– Warren Buffett

Die Strategie

Eine kaufmännische Weisheit besagt, dass die Marge, also der Gewinn, im Einkauf liegt und nicht im Verkauf. Bei der *Buy-and-hold* oder auch *Value-Strategie* geht es darum, fundamental gute Unternehmen zu einem günstigen Einstiegspreis einzukaufen. Demnach hat jedes Unternehmen einen fairen Wert. Liegt der aktuelle Kurs unter diesem fairen Wert, ist das Unternehmen unterbewertet.

Bei diesem Ansatz wird die Charttechnik weitestgehend ignoriert. Das einzige, was zählt, sind die Fundamentaldaten der Unternehmen. Es kommen dabei vor allem diejenigen Werte solider Unternehmen ins Depot, welches darüber hinaus noch gute Wachstumschancen aufweisen und/oder eine gute Marktposition innehalten.

Dabei versucht man direkt solche Werte zu wählen, die man theoretisch für immer hält. Wenn man eine gute Mischung an starken Unternehmen im Depot hat, gibt es keinen Grund sein „Team" auszutauschen.

Warren Buffet, der wohl erfolgreichste Investor des 20. Jahrhunderts, äußerte sich bezüglich des Value-Investings in einem Aktionärsbrief wie folgt:[35]

---

[35] Warren Buffet, Shareholder Letter 1992: http://bit.ly/2wgcYlo

Wir denken, dass es sich bei dem Begriff „Value Investing" um ein Synonym handelt. Was ist „Investieren", wenn es nicht die Suche nach einem Wert ist, der zumindest ausreicht, um den Kaufpreis zu rechtfertigen? Für eine Aktie wissentlich mehr als ihren kalkulierten Wert auszugeben – in der Hoffnung, dass diese bald für einen noch höheren Preis verkauft werden kann – sollte Spekulation genannt werden (die weder illegal, unmoralisch oder – aus unserer Sicht – finanziell nahrhaft ist).

Ob angemessen oder nicht, der Begriff „Value Investing" wird weitläufig verwendet. Üblicherweise bedeutet er den Kauf von Aktien mit Eigenschaften wie einem niedrigen Kurs-Buchwert-Verhältnis, einem niedrigen Kurs-Gewinn-Verhältnis oder einer hohen Dividendenrendite. Unglücklicherweise sind solche Merkmale, selbst in Kombination, nicht im entferntesten dafür entscheidend, ob ein Anleger wirklich etwas kauft, das seinen Preis wert ist, und somit wahrhaft nach den Grundsätzen des Value-Investing handelt.

Entsprechend stehen die entgegengesetzten Merkmale wie etwa ein hohes Kurs-Buchwert-Verhältnis, ein hohes Kurs-Gewinn-Verhältnis oder eine niedrige Dividendenrendite nicht im Widerspruch zu einem wertorientierten Kauf.

Wenn Du nach dem Value-Ansatz investieren möchtest, dann stattest Du Dein Portfolio nach und nach mit Qualitätsunternehmen aus. Diese Strategie erfordert viel Zeitaufwand, da Du Dir die verschiedenen Fundamentaldaten der unterschiedlichen Unternehmen anschauen und miteinander vergleichen musst, um letztendlich herauszufinden, welche Unternehmen momentan, relativ zu ihrem „fair Value", unterbewertet sind.

Um eine gewisse Diversifizierung zu gewährleisten solltest Du zumindest in sechs bis zwölf Unternehmen investieren.

Der Erfolg: Graham und Buffet

Die beiden wohl erfolgreichsten und bekanntesten Koryphäen des Value-Investings sind Benjamin Graham und Warren Buffet. Benjamin Graham gilt als Urvater der fundamentalen Analyse und des Value-Investings, welches aus ihr hervorging. Warren Buffet wiederum war der erfolgreichste Schüler von Graham und ist heutzutage der zweitreichste Mensch der Forbes-Welt (Liste mit einigen der reichsten Menschen der Welt).[36]

Graham's Investitionsformel lautet:

„Kaufe einen Dollar, aber bezahle nicht mehr als 50 Cent dafür."

Praktisch meint er damit ein Kurs-Buch-Verhältnis unter 1.[37] Das bedeutet, dass, wenn man das komplette Unternehmen heute kaufen und seine Schulden und Vermögenswerte liquidieren würde, man immer noch etwas übrig hätte.

Zur Sicherheit solle man eine Sicherheitsmarge einbauen, falls man sich mit dem fairen, intrinsischen Wert des Unternehmens verschätzt. Sprich der Kaufpreis (aktueller Marktpreis) sollte zwischen 30% und 50% unter dem fairen Wert des Unternehmens liegen.

Bezüglich der Chartanalyse stellt Benjamin Graham „Mr. Market" vor, der manisch depressiv ist und wie wild an der Börse kauft und verkauft – mal zu Spottpreisen und mal zu Wucherpreisen. Tatsächlich ist es so, dass die kurzfristigen Aktienkurse quasi nie den fairen Wert eines Unternehmens widerspiegeln, also stets über- oder unterbewertet sind. Mittel- bis langfristig schwanken sie allerdings um den fairen Wert der Unternehmen. Jeder kann selbst entscheiden, ob er auf Mr. Market hören und mit ihm handeln möchte oder nicht.

---

[36] Forbes 2017 Ranking: http://bit.ly/2o1LEn1.

[37] Faktisch kann es auch über 1 liegen, wenn man die Werte des Unternehmens hinzurechnet, die nicht von der Bilanz erfasst werden.

Die größte Gefahr für Investoren sah Graham darin, dass diese Aktien schlechter Qualität in Zeiten kaufen, in denen die wirtschaftlichen Bedingungen günstig sind.

Graham war kein reiner Aktien-Investor, sondern empfahl eine Vermögensaufteilung zwischen Investitionen von 25% in Anleihen mit 75% in Aktien bis hin zu 75% in Anleihen mit lediglich 25% in Aktien. Dabei sollte man immer auf erstklassige Qualität der Aktien und Anleihen achten.

In den Jahren von 1929 bis 1956 konnte Graham für seine Klienten eine durchschnittliche jährliche Rendite von 17% erzielen.

Warren Buffet, auch bekannt als „Orakel von Omaha", ist heute Vorstandschef seiner Investmentholding Berkshire Hathaway. Diese rief er im Jahr 1969 ins Leben und notierte bei 43 US-Dollar pro Aktie. Heute ist der Aktienkurs mit $ 227.351,12 (20.08.2017) sechsstellig!

Buffet konnte von 1965 bis 2015 eine durchschnittliche Rendite pro Jahr von 19,2% erzielen, während der US-Aktienindex S&P 500 inklusive Dividenden im selben Zeitraum nur um durchschnittlich 9,7% wuchs.

Im Vergleich zu Graham, der sein Augenmerk quasi nur auf unterbewertete richtet, ist Buffet weitaus anspruchsvoller. Für ihn muss ein Unternehmen aufgrund seiner wirtschaftlichen Situation und seinem Management vor allem in der Lage sein, realistisch prognostizierbare Gewinne in der Zukunft zu erwirtschaften.

Dabei denkt Buffet unternehmerisch, wie ein Taxiunternehmer, der seine Ausgaben und Gewinne genau berechnet, bevor er sich ein weiteres Taxi anschafft. Ganz anders als ein Investor eines Oldtimers, der darauf spekuliert, dass dessen Preis in Zukunft steigen wird, ohne eine tatsächliche Ahnung über die erzielbare Rendite hat.

Insbesondere Unternehmen der Konsumgüter- und Versicherungsbranche sind ganz nach Buffets Geschmack. Bei Versicherungsunternehmen kann er mitbestimmen, wie die eingezahlten Kundengelder angelegt werden und Konsumgüterhersteller, wie Coca-Cola, haben fast keine Aufwendungen für Forschung und Entwicklung. Dadurch fallen wiederum die Gewinne größer aus, an denen man partizipieren kann.

Allerdings bevorzugt Buffet Unternehmen, die keine Dividende ausschütten. Er selbst schüttet mit seiner Berkshire Hathaway auch keine Dividende aus. Diejenigen Unternehmen, die keine Dividende ausschütten, reinvestieren diese in das eigene Geschäft und steigen dadurch den Unternehmenswert und die zukünftigen Wachstumschancen. Darüber hinaus profitiert man als Anleger somit in voller Höhe vom Zinseszins-Effekt mit seiner Investition, muss erst einmal keine potentiellen Steuern auf die Ausschüttungen zahlen und braucht sich für die Ausschüttungen auch kein alternatives Investment zu suchen.

Dabei spielt Diversifikation für Buffet keine Rolle, da er eh ausschließlich in erstklassige Unternehmen investiert. Er setzt also ganz klar auf ein konzentriertes, wohl überlegtes Portfolio. Aktuell, Stand 30. Juni 2017, ist er in folgende Qualitätsunternehmen investiert:[38]

Unternehmen	Anteil in Prozent
KHC - Kraft Heinz Co.	17,20
WFC - Wells Fargo	15,99
AAPL - Apple Inc.	11,56
KO - Coca Cola Co.	11,06
AXP - American Express	7,88
IBM - International Bus. Machines	5,13
PSX - Phillips 66	4,12
USB - U.S. Bancorp	2,72
CHTR - Charter Communications	1,96
MCO - Moody's Corp.	1,85

[38] Dataroma, Eigene Darstellung: http://bit.ly/2wtwElA.

LUV - Southwest Airlines	1,83
DAL - Delta Air Lines Inc.	1,76
BK - Bank of New York	1,58
DVA - DaVita HealthCare Partners	1,54
GS - Goldman Sachs Group	1,50
AAL - American Airlines Group Inc.	1,46
UAL - United Continental Holdings	1,31
GM - General Motors	1,29
LSXMK - Liberty SiriusXM Series C	0,80
VRSN - Verisign Inc.	0,74
USG - USG Corp.	0,70
V - Visa Inc.	0,61
MON - Monsanto Co.	0,59
MTB - M&T Bank Corp.	0,54
SIRI - Sirius XM Holdings Inc.	0,47
AXTA - Axalta Coating Systems Ltd.	0,46
COST - Costco Co.	0,43
LBTYA - Liberty Global Inc.	0,40
LSXMA - Liberty Sirius XM Series A	0,38
MA - Mastercard Inc.	0,37
QSR - Restaurant Brands International	0,33
SYF - Synchrony Financial	0,32
TMK - Torchmark Corp.	0,30
STOR - STORE Capital Corp.	0,26
LBTYK - Liberty Global Inc. C	0,14
SNY - Sanofi Aventis	0,12
VRSK - Verisk Analytics Inc.	0,08
WMT - Wal-Mart Stores	0,07
GHC - Graham Holdings Co.	0,04
LILA - Liberty LiLAC Group A	0,04
JNJ - Johnson & Johnson	0,03
LILAK - Liberty LiLAC Group C	0,02
MDLZ - Mondelez International	0,02
PG - Procter & Gamble	0,02

VZ - Verizon Communications	0
WBC - WABCO Holdings Inc.	0
UPS - United Parcel Service	0

Dabei ist zu beachten, dass Buffet es liebt, in Bärenmärkten (auch Baisse) einzukaufen, weil die Unternehmen dann preisgünstig sind. Wenn die gleichen Qualitätsunternehmen aus seiner Sicht zu hoch bewertet sind, schlägt er nicht zu. Das ist auch der Grund, warum er momentan auf riesigen Cash-Beständen in Höhe von knapp $100.000.000.000,- (100 Mrd. USD) sitzt.[39]

Interessant ist weitergehend, dass Buffets Portfolio zu ca. 91% in Dividendenaktien investiert ist. Die vier größten Positionen, die zusammen 56% seines Portfolios ausmachen, haben eine Dividendenrendite von 2,6%. Viele seiner Dividendentitel haben dabei über Jahrzehnte steigende Dividenden gezahlt.

Wenn Du zum Value-Investor werden möchtest, dann solltest Du Dir also genau überlegen, welchen Preis Du für die einzelnen Unternehmen bereit bist, zu zahlen. Vielleicht macht es dann auch Sinn, erst noch einmal, so wie Buffet, abzuwarten, bis die Märkte wieder zurückgekommen sind, um dann günstiger einzusteigen.

Währenddessen solltest Du die Zeit nutzen und Dich in der Bewertung von Unternehmen üben.[40] Definitiv macht es auch Sinn, die Anlagestrategie von Value-Investoren wie Buffet nachzuverfolgen. In dem Link zur Quelle des Portfolios von Buffet kannst Du zum Beispiel die letzten Veränderungen in seinem Portfolio erkennen. Versuche zu verstehen, warum Positionen auf und abgebaut wurden.

Bedenke aber bei Deiner Entscheidung zum Value-Investing, dass dieses einen großen Zeitaufwand von Dir erfordert. Mit ein paar Stunden in der Woche ist dies sicher nicht getan.

---

[39] Manager Magazin Artikel vom 08.08.2017: http://bit.ly/2wepBgR
[40] Eine professionelle, langjährige Übersicht der Dow30-Unternehmen findest Du unter: http://bit.ly/2xaCMNo

Wichtige Kennzahlen

Damit Du ein einzelnes Unternehmen vernünftig bewerten kannst, musst Du unternehmerisch denken. An der Börse wird die Zukunft gehandelt, wie sehen also die Zukunftschancen des Unternehmens aus?

Dafür ist es zum einen sinnvoll, aktuelle Nachrichten zu den in Frage kommenden Unternehmen zu verfolgen. Zum anderen lohnt es definitiv, einen Blick in die Vergangenheit zu werfen. Wie haben sich die Gewinne entwickelt? Ist das Unternehmen durchfinanziert, hat es viele Schulden und wie sieht es mit dem Eigenkapital aus?[41]

Folgende Kennzahlen sollen Dir bei einer Analyse helfen, die Situation des Unternehmens einzuschätzen. Die Kennzahlen kannst Du im Internet auf diversen Finanzportalen oder in der Regel auch auf den jeweiligen Unternehmensseiten einsehen.

Selbstverständlich gibt es noch eine ganze Reihe weiterer Kennzahlen, die man als Value-Investor kennen sollte. Trotzdem soll diese Auswahl wichtiger Kennzahlen an dieser Stelle ausreichen, um einen leichten Einstieg zu ermöglichen. Wenn Du den Weg eines professionellen Value-Investors gehen möchtest, findest Du im Internet zu Hauf Formelsammlungen und auch weiterführende Literatur hilft Dir dabei, diese richtig anzuwenden.

Kurs-Gewinn-Verhältnis (KGV)
Englisch: Price to Earnings (PE)

Das KGV, als eine der beliebtesten Kennziffern, beschreibt das Verhältnis vom Aktienkurs zum Gewinn des Unternehmens. Grundsätzlich gilt: Je niedriger desto besser. Wenn das KGV niedrig ist, dann ist der

---

[41] Zwei gute Seiten dafür sind: http://bit.ly/2fXkZVI und http://on.ft.com/2wfzXgy.

Gewinn, relativ gesehen zum Aktienkurs, hoch. So gesehen ist die Aktie günstig bewertet.

$$KGV = Kurs / Gewinn je Aktie$$

oder

$$KGV = Marktkapitalisierung / Jahresüberschuss$$

Trotzdem muss man diese Kennziffer mit Vorsicht genießen, denn beim KGV können die Unternehmen sehr gut tricksen. Schaue Dir auf jeden Fall nicht nur das letzte KGV an, sondern die Entwicklung über mehrere Jahre, um auszuschließen, dass es sich um einen Ausreißer handelt. Schließlich soll das Unternehmen ja eine gewisse Beständigkeit aufweisen.

Bei jungen Unternehmen, die keinen oder kaum Gewinn erwirtschaften, bietet es sich an, auf das Kurs-Umsatz-Verhältnis (KUV) zu schauen. Auch hier ist es umso besser, je geringer es ist. Der Umsatz kann darüber hinaus kaum manipuliert werden.

Ausschüttungsquote
Englisch: Payout Ratio

Die Ausschüttungsquote gibt an, wie viel Prozent vom Gewinn eines Unternehmens an die Aktionäre in Form von Dividenden ausgeschüttet werden. Die Ausschüttungsquote berechnet sich wie folgt:

$$Ausschüttungsquote = Dividende je Aktie / Gewinn je Aktie$$

Beträgt die Ausschüttungsquote über 100%, dann bezahlt das Unternehmen mehr Dividende, als an Nettogewinn verdient wurde. Grundsätzlich wird von Value-Investoren eine niedrige Ausschüttungsquote bevorzugt.

Gewinn vor Zinsen und Steuern (EBIT)

Englisch: Earnings before Interest and Taxes (EBIT)

Alternativ wird das EBIT auch *operatives Ergebnis* genannt und gibt Aufschluss über die Ertragssituation des Unternehmens. Oftmals wird es genutzt, um international Unternehmen miteinander zu vergleichen. Es berechnet sich, indem von den Umsätzen, inklusiver sonstiger betrieblicher Beträge, alle operativen Kosten abgezogen werden.

Gewinn vor Zinsen, Steuern, Abschreibung auf Sacheinlagen und Amortisation von immateriellen Wirtschaftsgütern (EBITDA)

Englisch: Earnings before Interest, Taxes, Depreciation and Amortization (EBITDA)

Das EBITDA hat Cash-Flow-Charakter und wird gerne zur Bewertung von jungen, wachstumsstarken Unternehmen hergenommen. Auch für Unternehmen mit extrem hohem Abschreibungsbedarf dient es als Kennzahl. Diese Unternehmen erwirtschaften unter Umständen einen negativen Jahresüberschuss. Dieser könnte aber für oben genannte Unternehmen gerechtfertigt sein. Dann eignet sich das EBITDA als Bewertungskennzahl für den Unternehmenserfolg.

Der Cash-Flow

Der Cash-Flow eines Unternehmens zeigt an, wie viele Mittel dem Unternehmen Monat für Monat, beziehungsweise jährlich, zur Verfügung stehen. Er berechnet sich aus dem Saldo von Mittelzuflüssen und Mittelabflüssen. Der Vorteil beim Cash-Flow ist, dass ihn die Unternehmen wohl kaum verfälschen können.

Besonders gut eignet sich der Cash-Flow, um Unternehmen innerhalb einer Branche miteinander zu vergleichen. Der Nachteil ist allerdings, dass der Cash-Flow teilweise extrem stark schwankt und auch Vergleiche über mehrere Jahre schwierig macht.

Die Marktkapitalisierung
Englisch: Market Capitalization

Die Marktkapitalisierung spiegelt den aktuellen Börsenwert des Unternehmens wider. Je höher die Marktkapitalisierung, desto weniger volatil der Kurs. Allerdings bedeutet das nicht, dass Kurse nicht auch (stark) fallen können. Tendenziell sind Kurschancen nach oben bei Unternehmen mit hoher Marktkapitalisierung ebenfalls limitierter, als das bei kleineren Unternehmen der Fall ist.

Kurs-Buchwert-Verhältnis (KBV)
Englisch: Price-to-Book Ratio (P/B Ratio)

Der Buchwert eines Unternehmens beschreibt sein bilanzielles Eigenkapital. Das Verhältnis von Kurs zu Buchwert gibt dementsprechend an, wie viel ein Käufer bereit ist, für eine Einheit des Eigenkapitals zu bezahlen. Ist das KBV beispielsweise 2, dann würde ein Käufer an der Börse € 2,- für € 1,- an Eigenkapital bezahlen.

$$KBV = Kurs / Buchwert\ pro\ Aktie$$

oder

$$KBV = Marktkapitalisierung / Bilanzielles\ Eigenkapital$$

Für Value-Investoren, wie zum Beispiel Warren Buffet, ist diese Kennzahl besonders wichtig, da sie Aufschluss über den „wahren" Wert eines Unternehmens widerspiegelt.

Das ist allerdings nur bedingt der Fall, denn das KBV erfasst „nur" das bilanzielle Anlagevermögen eines Unternehmens. „Vermögen" wie ein Spitzenteam zu haben oder das Image des Unternehmens werden beispielsweise ignoriert. Halten Unternehmen ihre Vermögenswerte hauptsächlich außerhalb der Bilanz, wie zum Beispiel innovative Dienstleistungsunternehmen wie Facebook oder Google (Alphabet), die top Programmierer eingestellt haben und unsere digitale Zukunft erschaffen, wird ihnen das KBV nicht gerecht.

Ist das KBV gering, dann deutet dies auf eine aktuelle Unterbewertung des Unternehmens hin und das Kurspotential nach oben ist umso größer. Trotzdem sollte man andere Kennzahlen und die Nachrichten nicht aus dem Blick lassen, denn das schönste KBV nützt einem nichts, wenn riesige Abschreibungen in naher Zukunft oder gar die Pleite des Unternehmens drohen.

Eigenkapital
Englisch: Equity

Das Eigenkapital eines Unternehmens, auch *Reinvermögen* genannt, ist die Differenz von seinem Vermögen und Schulden. Der Gegenbegriff dazu ist das Fremdkapital, welches die Schulden bezeichnet.

Oftmals wird der Gewinn des Unternehmens ins Verhältnis zum Eigenkapital gesetzt. Ein hoher Wert ist umso besser, da pro Einheit Eigenkapital mehr Gewinn abgefallen ist.

Leider scheitert der Vergleich des Öfteren an der unterschiedlichen Rechnungslegung internationaler Unternehmen. Welcher Gewinn ist genau gemeint und welche Definition gilt für das Eigenkapital? Trotzdem kann Dir das Eigenkapital im Zeitverlauf eine gute Einschätzung zur Unternehmensentwicklung liefern.

Unternehmenswert
Englisch: Enterprise Value

Der Unternehmenswert eines Unternehmens entspricht seinem Marktwert (für Eigenkapital) plus Fremdkapital. Der Unternehmenswert drückt also aus, was es kosten würde, das gesamte Unternehmen mit all seinem Vermögen und allen seinen Schulden zu erwerben. Fremdkapital würde direkt abgelöst werden.

Eigenkapitalrendite
Englisch: Return on Equity (ROE)

Die Eigenkapitalrendite eines Unternehmens setzt den Jahresüberschuss eins mit dem durchschnittlichen Eigenkapital ins Verhältnis. Wenn die Eigenkapitalrendite im Vergleich zu ähnlichen Unternehmen der gleichen Branche hoch ist, dann kann dies darauf hindeuten, dass das betrachtete Unternehmen einen Wettbewerbsvorteil hat, da es besser wirtschaftet.

Eigenkapitalrendite = Jahresüberschuss / durchschn. Eigenkapital

Alternativ kann es aber auch bedeuten, dass das Unternehmen wenig Eigenkapital, also viel Fremdkapital, hat. Das wiederum würde auf ein höheres Risiko hindeuten.

Für Warren Buffet, der Ikone das Value-Investing, ist es wichtig, dass ein Unternehmen eine Eigenkapitalrendite hat, die höher als der Branchendurchschnitt ist und größer oder gleich 15%. Das gilt für das aktuelle Jahr, als auch für den Durchschnitt der letzten 10 Jahre.

Dividendenaristokraten

"Man sollte nur in Firmen investieren, die auch ein absoluter Vollidiot leiten kann, denn eines Tages wird genau das passieren!"
-Warren Buffet

Die Strategie

Die Dividendenstrategie *Dividendenaristokraten* setzt auf jene Unternehmen, die sehr beständig und über extrem lange Zeiträume Dividende ausschüttet. Unternehmen wie Procter & Gamble, General Electric und DuPont schütten seit über 100 Jahren zuverlässig eine Dividende aus – durch alle Krisenzeiten hindurch! Das Kalkül dabei ist, dass diese Unternehmen auch die nächsten Jahrzehnte kontinuierlich eine Dividende ausschütten werden – ganz egal wie die Kurse laufen.

Diese Strategie ist natürlich besonders für diejenigen Anleger geeignet, die einen Wert auf regelmäßige Auszahlungen legen. Wenn Du Dir einen regelmäßigen passiven Geldfluss aufbauen möchtest, kannst Du somit gewährleisten, dass Du durch die Dividende regelmäßig an den Gewinnen der Unternehmen beteiligt wird, während Du gleichzeitig keine Unternehmensanteile dafür verkaufen musst. Das Geld kommt ohne Dein Zutun auf Dein Konto und Du kannst frei darüber verfügen.

Das Geheimnis der *Dividendenaristokraten*, warum diese auch durch Rezessionen und Krisen hindurch ihre Dividende erhöhen konnten, ist, dass diese meistens Produkte herstellen, die wir tagtäglich benutzen. Selbst wenn es der Wirtschaft schlecht geht, gehen wir im Supermarkt einkaufen, benutzen unsere Autos und lassen uns von Ärzten behandeln.

Zum einen kannst Du Dir selbst eine Zusammenstellung von den renditestarken Aktien machen, die Du genau im Depot haben möchtest.

Zum anderen gibt es verschiedene Indices, die bereits Unternehmen mit einer hohen Dividendenrendite enthalten. An diesen Indices kannst Du Dich orientieren oder beispielsweise direkt per ETF investieren.

In den USA gibt es beispielsweise den *S&P 500 Dividend Aristocrats*, der genau diejenigen Unternehmen anzeigt, die 25 Jahre lang in Folge ihre Dividende angehoben haben. Für Europa gibt es unter anderem den *S&P Europe 350 Dividend Aristocrats*. Dieser enthält diejenigen Unternehmen (aus einer Auswahl von 350 führenden europäischen Bluechip-Unternehmen), die 10 Jahre lang in Folge ihre Dividende angehoben haben. Darüber hinaus existiert in Europa noch der *Euro Stoxx Select Dividend 30*, der die 30 dividendenstärksten Unternehmen der Eurozone enthält. Schlussendlich beinhaltet der *DivDAX* die 15 Unternehmen aus dem DAX, die die größte Dividendenrendite aufweisen.

Der Erfolg

Wer überlegt, in einen Bluechip-Index zu investieren, sollte vorher den Vergleich mit dem Index seiner Aristokraten wagen. Jedoch ist noch lange nicht gewährleistet, dass diese besser laufen. Darüber hinaus muss sich eine Entwicklung aus der Vergangenheit in Zukunft sicher nicht fortsetzen.

In den folgenden Charts ist die Entwicklung einiger dieser Indices im Vergleich zum Ursprungsindex dargestellt. Deutlich besser als sein Index ist zum Beispiel der *S&P 500 Aristocrats* gelaufen.

Dabei sind in beiden Indices die Dividendenzahlungen bereits mit beinhaltet und reinvestiert worden. Die Entwicklung wird im Chart über den größtmöglichen, verfügbaren Zeitraum angezeigt: Vom 31.7.2007 bis zum 3.8.2017. Man erkennt ganz klar, dass sich die Gesamtrendite (TR=Total Return) der *Aristokraten* um einiges besser entwickelt hat:

S&P 500 (TR): +111%

S&P 500 Aristokraten (TR): +174,3%

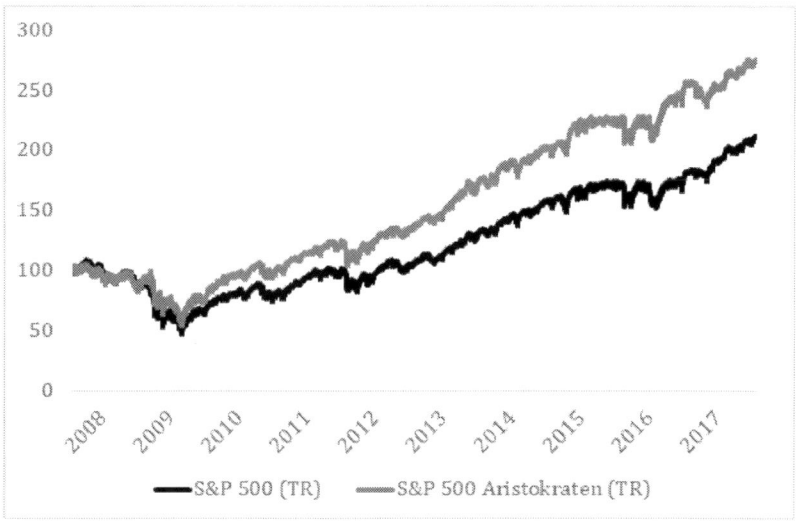

Quelle: Eigene Darstellung, S&P Dow Jones Indices.

Für den S&P 500 wäre das eine durchschnittliche Jahresrendite von ca. +7,8% gewesen, während die *Aristokraten* ungefähr +10,6% p.a. performt hätten. Eine Outperformance von +2,8% pro Jahr oder +63,3% im gesamten Zeitraum!

Konkret hätte man bei einer Investition von €10.000,- über diesen Zeitraum mit den *Aristokraten* seine Investition am Ende der Laufzeit auf €27.430,- vermehrt (gegenüber zu €21.100,- mit dem Index S&P 500).

Diese Erkenntnis gilt vor allem für die riesigen US-Unternehmen, die sich im S&P 500 wiederfinden. Für Europa und Deutschland sieht die Situation ähnlich aus.

Dieser Chart zeigt die Entwicklung für den *S&P Europe 350 Dividend Aristocrats.*

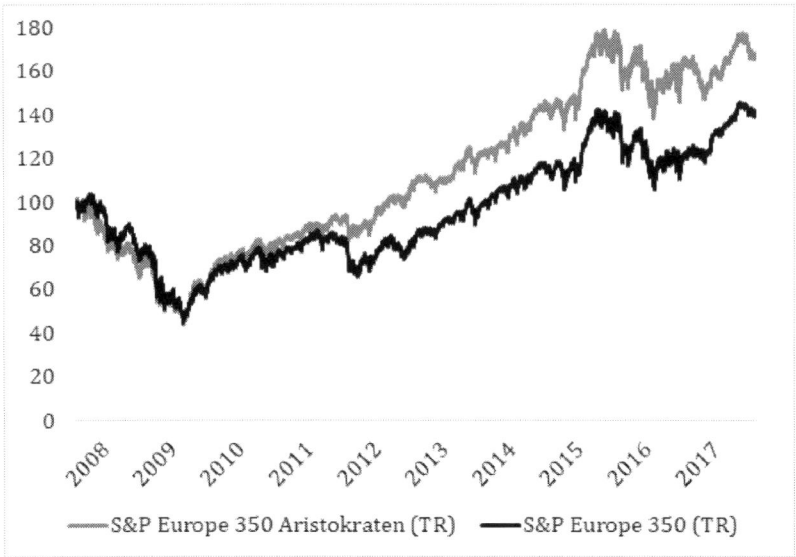

Quelle: Eigene Darstellung, S&P Dow Jones Indices.

Auch hier kann man sehr schön die höhere Performance der *Dividendenaristokraten* erkennen. Über den Zeitraum von 10 Jahren erwirtschaftet der *S&P Europe 350* +42%, wohingegen der *S&P Europe 350 Dividend Aristocrats* auf ganze +68% kommt.

Zwar liegt die Gesamtperformance weit hinter den *Aristokraten* des S&P 500 (+174,3%) zurück, trotzdem sollte diese nicht das alleinige Kriterium bei der Investitionsentscheidung sein. Wer sein Risiko zwischen den USA und Europa diversifizieren möchte, der hat mit dem *S&P Europe 350 Dividend Aristocrats* eine gute Möglichkeit.

Der *Euro Stoxx Select Dividend 30* schlägt ebenfalls seinen Vergleichs-index, den *Euro Stoxx 50*.

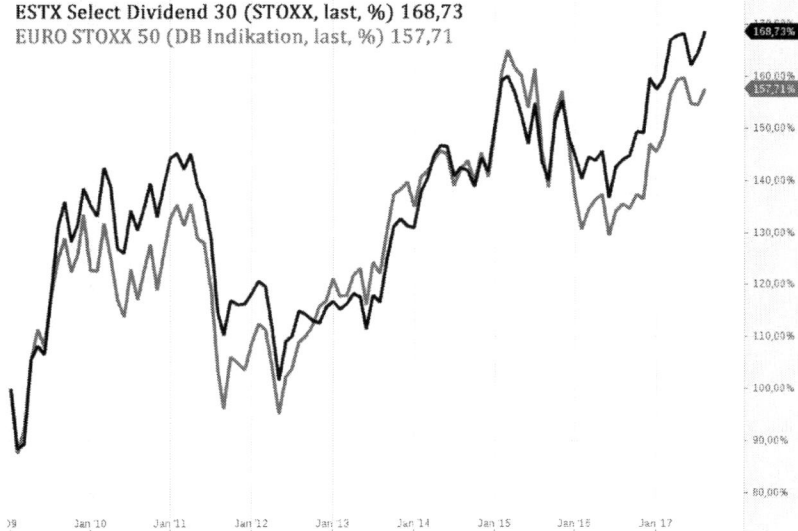

Quelle: Guidants.com.

In dem Chart ist der Vergleichszeitraum etwas geringer und reicht vom 01.01.2009 bis Anfang August 2017. Dennoch erkennt man eine klare Outperformance. Der *Euro Stoxx 50* kann über die achteinhalb Jahre eine Performance von +57,71% hinlegen, während der *Euro Stoxx Select Dividend 30* auf +68,73% kommt.

Last but not least werfen wir noch einen Blick auf den DivDAX im Vergleich zum DAX. Auch hier schneiden die *Aristokraten* besser als der Rest des Indexes ab.

DivDAX (Xetra, last, %) 304,03
L&S DAX (L&S, last, %) 284,78

Quelle: Guidants.com.

Auch hier wird der Zeitraum 01.01.2009 bis Anfang August 2017 angezeigt. Insgesamt kommt der DAX auf eine Performance von +184,78% und der DivDAX sogar auf +204,03%.

Summa summarum schneiden die betrachteten Aristokraten der Bluechip-Indices teils beachtlich besser ab, als ihre Vergleichsindices. Wenn Du also sicherheitsorientiert in einen größeren (Bluechip) Index investieren möchtest, lohnt es sich sicherlich, stattdessen direkt in die *Aristokraten* des Indexes zu investieren.

Dogs of the Dow

„Selbst wenn wir eine Glaskugel hätten, die Auswirkungen
von zukünftigen Ereignissen und Bedingungen auf die
Investitionen sind unwissbar. Deshalb müssen wir diversifizieren."
- Michael O'Higgins

Die Strategie

Die antizyklische Investmentstrategie *Dogs of the Dow* wurde 1991 von Michael B. O`Higgins in die Öffentlichkeit getragen. Mit den „Dogs" des Dow Jones Industrial Indexes sind deren Underperformer gemeint.

Der Dow Jones Industrial Index (kurz Dow) wurde bereits 1896 von Charles Henry Dow in den USA ins Leben gerufen und beinhaltete damals 12 ausgewählte US-Unternehmen. Heute befinden sich in dem Dow die 30 bedeutendsten und marktführenden Unternehmen der amerikanischen Börse. Die Gewichtung innerhalb des Dow erfolgt dabei nach dem Preis der einzelnen Papieren und nicht etwa nach Marktkapitalisierung oder Handelsvolumen, wie bei anderen großen Indices.

Die Underperformer werden bei *Dogs of the Dow* anhand einer hohen Dividendenrendite ausgewählt. Genau genommen sind es die 10 Titel des Dows mit der höchsten Dividendenrendite. Die Dividendenrendite definiert sich aus der ausgezahlten Dividende der Aktie, geteilt durch den aktuellen Kurs, beziehungsweise in diesem Fall des Jahresschlusskurses. Das Portfolio wird nämlich einmal pro Jahr, wenn der Jahresschlusskurs feststeht, aktualisiert. Wenn die Dividende eines Unternehmens dementsprechend konstant bleibt, aber die Kurse fallen, dann steigt automatisch die Dividendenrendite. Wenn diese sehr hoch ist, dann lässt das nach der Theorie von O'Higgins auf eine Unterbewertung der Aktie schließen. Man kann diese Aktien also für einen relativ günstigen Kurs einkaufen.

Wenn die zehn Aktien feststehen werden diese zu gleichen Teilen in das Portfolio eingekauft und ein Jahr, bis zur nächsten Anpassung, gehalten (Buy-and-Hold-Strategie). Die konkreten Aktien der aktuellen *Dogs* werden zum Beispiel hier veröffentlicht: http://bit.ly/2hsbNJv.

Eine kleine Abwandlung der Strategie heißt *Small Dogs of the Dow*. Dabei wählt man diejenigen fünf günstigsten Unternehmen aus der selektierten Liste der zehn aus. Anschließend investiert man zu gleichen Teilen in diese fünf Unternehmen und wartet wieder ein Jahr, bis man das Portfolio anpasst.

Darüber hinaus kannst Du die Strategie *Dogs of the Dow* oder *Small Dogs of the Dow* auch auf einen anderen Bluechip-Index, wie zum Beispiel den DAX, S&P 500 oder EuroStoxx 50, anwenden. Das Kalkül ist dabei immer, dass Bluechip-Unternehmen zwar ihre starken und schwachen Jahre haben, sie jedoch nie gänzlich aus der Anlegergunst verschwinden werden. Die Kurse von den Bluechip-Unternehmen schwanken demnach stärker, als ihre beständige Rendite. Wenn es ihnen gerade nicht so gut geht, sie also unterbewertet sind, dann dauert es der Theorie zufolge nicht mehr lange bis zum Turnaround.

Der Erfolg

Mit der Strategie *Dogs of the Dow* konnte O'Higgins nachweislich im Beobachtungszeitraum von 1973 bis 1999 eine Outperformance gegenüber dem Dow erzielen.[42] Von 1957 bis 2003 lag die Outperformance dem Dow gegenüber im Durchschnitt bei ca. +3% pro Jahr (Dogs: +14,3%, Dow: +11%). Zwar waren dann zu Beginn des Jahrtausends auch immer wieder schlechtere Jahre (als der Dow) dabei, doch insgesamt konnte *Dogs of the Dow* auch im Zeitraum von 2000 bis 2016 den Dow und andere outperformen:[43]

---

[42] Siehe auch O'Higgins: *Beating the Dow*
[43] Berechnung von LPL Research, FactSet und Bloomberg: http://bit.ly/2u5dBxP

Dogs of the Dow: +9,4 %
Dow Jones Industrial Average: +6,63 %
S&P 500 Index: +6,16 %
Russell 3000 Index: +7,05 %

Die letzten Jahre hat sich *Dogs of the Dow* im Vergleich zu großen Indices, wie in folgender Grafik angezeigt, entwickelt.

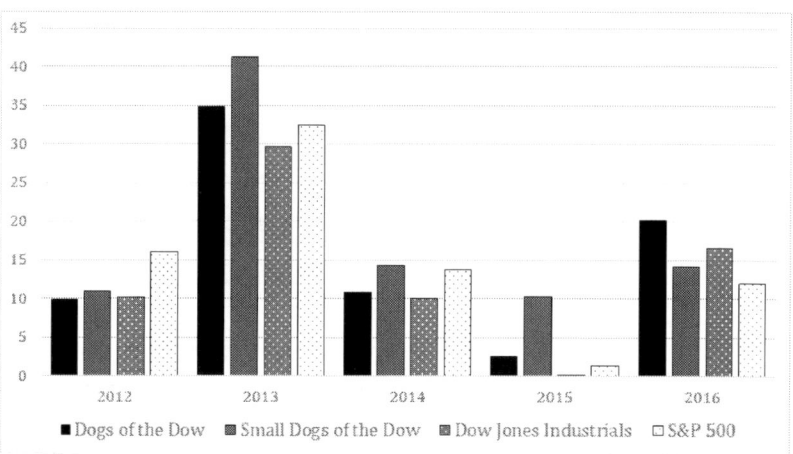

Quelle: Eigene Darstellung, dogsofthedow.com.

Dabei ist zu beachten, dass die Dividenden wieder reinvestiert wurden, Gebühren oder Steuern aber nicht mit einberechnet wurden.

Risiken

Während die Strategie in der Vergangenheit relativ gut funktioniert hat, sind vergangene Kursverläufe keine Garantie für positive, zukünftige Kursentwicklungen – niemals!

Genauso wie andere Aktien oder Indices auch, gibt es Hoch- und Tiefphasen. Diese Strategie ist nicht auf kurze Sicht gedacht, sondern mittel- bis langfristig. In den Krisenjahren von 2007 bis 2009 versagte die *Dogs of the Dow* Strategie zum Beispiel kläglich:

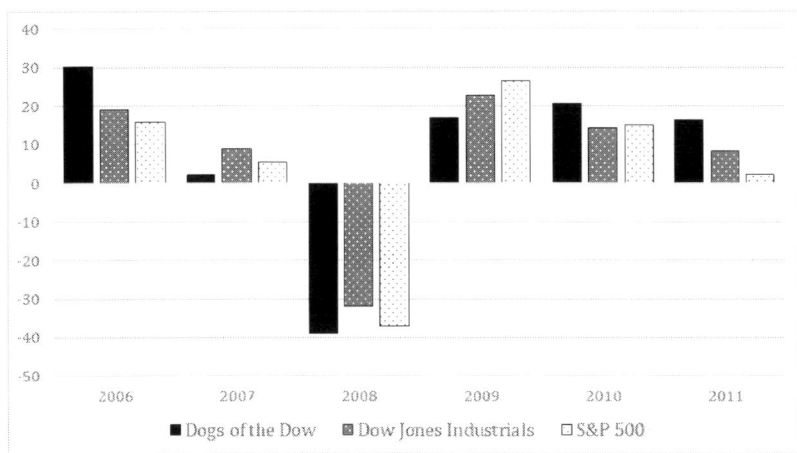

Quelle: Eigene Darstellung, dogsofthedow.com.

Wie Du siehst, ist die *Dogs of the Dow* Strategie eben auch nicht unfehlbar. Begründen lässt sich die Underperformance durch die Immobilienkrise in den USA, die sich anschließend zur weltweiten Finanzkrise (2007) entwickelte. Dabei wurde es für die „Dogs" umso schwieriger, aus dem Tief (sonst wären sie ja keine „Dogs") zu kommen, als es normalerweise der Fall gewesen wäre.

Zwar haben die Dogs dann ab 2010 wieder gegenüber dem Dow outperformt, jedoch braucht man nach einem starken Abschlag umso stärkeres Wachstum, um überhaupt wieder auf das Einstiegslevel zu gelangen.

Wenn man beispielsweise bei 100 (Prozent) einsteigt, es dann einen Abschlag von 30% gibt, braucht man ganze 6 Jahre mit 6% Wachstum p.a. (pro Jahr), um wieder beim Einstand zu sein. Nicht mit eingerechnet ist dabei die Inflation oder sonstige Kosten:

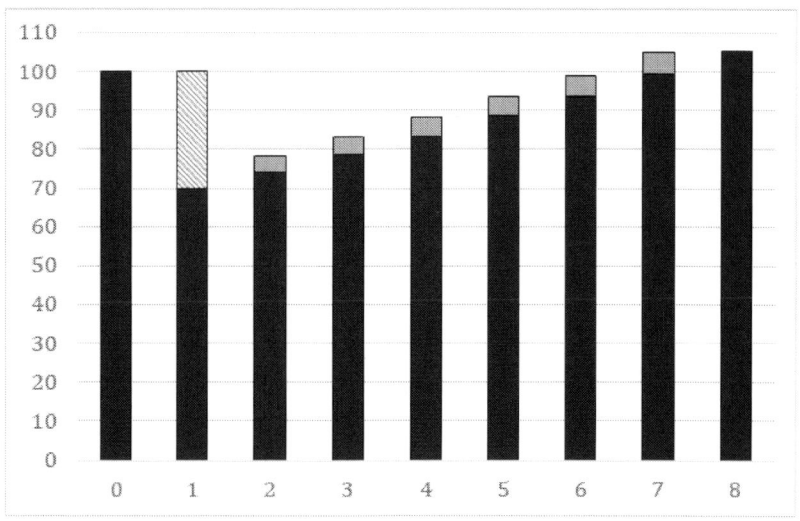

Quelle: Eigene Darstellung und Berechnung.

Unterm Strich kam es bei *Dogs of the Dow* also darauf an, wann man investiert hat und ob man Verluste realisierte oder ausgesessen hat.

Eine weitere Schwäche von der Strategie ist, dass man nicht selten ein erhöhtes Branchenrisiko hat. Würde man beispielsweise heute (August 2017) die *Dogs* vom DAX nehmen, dann hätte man schon zwei Banken und zwei Energiekonzerne mit dabei: Die Deutsche Bank, die Commerzbank, E.ON und RWE. Bei den *Small Dogs* ist das Branchenrisiko sogar doppelt so groß.

Darüber hinaus kann es natürlich auch passieren, dass ein Konzern aus dem Bluechip-Index wieder verschwindet und keine tolle Aufholjagd iniziiert.

Insgesamt sind der Dow oder auch der DAX in der Vergangenheit ca. ein Drittel der Zeit gefallen und zwei Drittel der Zeit gestiegen. Wenn Du die Strategie der *Dogs* umsetzt, wird das nicht anders ein.

Ich selbst habe die Strategie noch nicht ausprobiert, mir gefällt aber der antizyklische Ansatz, dass man gute Unternehmen relativ billig einkauft und auf eine Erholung setzt. Deshalb bin ich mit meinem Risikokapital aktuell bei der Deutschen Bank investiert.

Das letzte Mal habe ich im April im Rahmen der Kapitalerhöhung der Deutschen Bank Aktien erworben und dafür einen Preis von €11,65 bezahlt. Würde ich heute (3. August 2017) verkaufen, dann könnte ich €15,28 pro Aktie bekommen. Das entspricht einem Gewinn vor Steuern und Transaktionsgebühren von €3,63 pro Aktie oder einer Rendite von +31,2%. Da ich aber glaube, dass es den Banken in Zukunft wieder besser gehen wird, werde ich die Position weiterhin behalten.

Meiner Meinung nach solltest Du nicht Dein komplettes Portfolio mit den *Dogs* ausstatten. Stattdessen solltest Du einen Teil Deines Risikokapitals in die *Dogs* investieren – und zwar in genau diejenigen, die aus Deiner Sicht die größten Wachstumschancen besitzen.

Wenn Du in absehbarer Zeit eine größere Krise erwartest, dann wäre es allerdings ratsam, nicht in den *Dogs* investiert zu sein, sondern diese stattdessen frühzeitig (bevor das Jahr um ist) zu verkaufen.

Weitere Informationen findest Du auch auf der Internetseite von Michael B. O'Higgins, der zu den Top 1% der erfolgreichsten Vermögensverwalter zählt: http://www.ohiggins.com/. Mittlerweile hat er die Dogs-Strategie ausgebaut und wendet sie weltweit an.

Nützliches, Tools und Programme

„Jeder kann Geld mit Aktien verdienen, wenn er
nur seine Hausaufgaben macht."
Peter Lynch

Grundsätzlich gilt für Investitionen in Aktien das gleiche, was für alle anderen Dinge gilt, die man lernen möchte: Nicht warten, sondern anfangen und tun!

Um sofort loszulegen brauchst Du noch nicht einmal echtes Geld. Auf den meisten Seiten von Direktbanken und Online Brokern kannst Du Dir nämlich ein kostenloses Demokonto anlegen.

Wenn Du absoluter Börsen-Anfänger bist, würde ich Dir vorschlagen, dass Du erst einmal ein Demokonto anlegst und Dir ein paar Aktien in Dein Demo-Portfolio einkaufst. Allerdings diejenigen Aktien, die Du Dir auch tatsächlich mit Deinem echten Geld kaufen würdest.

Der nächste Schritt besteht darin, den Verlauf Deiner Investitionen regelmäßig zu verfolgen. Mit einem Demokonto kannst Du auch wunderbar verschiedene Portfolio-Strategien ausprobieren, bevor Du echtes Geld investierst.

Trading-Desks

„Erzähle mir und ich vergesse.
Zeige mir und ich erinnere.
Lass mich tun und ich verstehe."
-Konfuzius

Für eine schnelle (Chart-)Analyse können Trading-Desks sehr sinnvoll sein. In ihnen kannst Du Dir aktuelle Kurse und vergangene Kursverläufe verschiedener Unternehmen, Indices und Währungen anzeigen lassen. Für einen ersten Eindruck eines potentiellen Investments oder eine allgemeine Börseneinschätzung sind sie aus meiner Sicht gut geeignet.

Es gibt viele verschiedene Trading-Desks von unterschiedlichen Anbietern. Die folgende Auswahl an Trading-Desks habe ich in der kostenlosen Version ausprobiert und gefallen mir recht gut.

Für ein paar Charts in diesem Buch habe ich die Investment- und Analyseplattform Guidants.com benutzt, da es dort die Möglichkeit gibt, die Charts auf dem Computer abzuspeichern.

Guidants.com
https://go.guidants.com/

Finanzen.net
https://tradingdesk.finanzen.net/

TraderFox
https://traderfox.com/

Performance Gesamtportfolio

„Das beste Training liegt immer noch im selbständigen Machen.“
Cyril Northcote Parkinson

Ein gutes Programm, mit welchem Du die Performance von Deinem Gesamtportfolio gut verfolgen kannst, lautet „Portfolio Performance".

Hier kannst Du Deine Käufe, Verkäufe, Steuern, Gebühren und Weiteres eintragen. Dafür stehen Dir verschiedene Währungen zur Verfügung. Historische Kurse werden dabei automatisch von *Yahoo Finance* ins Programm geladen.

Portfolio Performance
http://www.portfolio-performance.info/

Internationale Dividenden-Champions

„Tradition ist gesiebte Vernunft des gesamten Volkes
aus einem Jahrhundert in das andere."
-Ricarda Huch

Hier habe ich Dir eine Auswahl der dividendenstärksten Unternehmen einiger wichtiger Länder zusammengestellt. Angegeben ist außerdem noch, für wie viele Jahre ohne Unterbrechung diese Unternehmen ihre Dividende erhöht haben.

Lasse Dich von den Unternehmen inspirieren und vielleicht kannst Du das eine oder andere davon gut für Dein (Dividenden-) Portfolio gebrauchen. Vor einer Investition solltest Du Dir dennoch weitere Fundamentaldaten zu den Unternehmen anschauen.

Wenn Du die Liste als Excel-Datei haben möchtest, dann kann ich sie Dir gerne zuschicken. Schreibe mir einfach eine kurze Mail an jens@indie-bücher.de oder trage Dich auf www.indie-bücher.de/buch-aktionen ein.

USA

Name	Symbol	Erhöhungs lauf Jahre	Kurs	Dividenden rendite %	Dividende pro Jahr	Sektor	Branche
American States Water	AWR	62	$ 49,45	2,0	$ 0,97	Utilities	Utility-Water
Dover Corp.	DOV	61	$ 84,00	2,1	$ 1,76	Industrials	Machinery
Genuine Parts Co.	GPC	61	$ 84,93	3,2	$ 2,70	Consumer Discretionary	Auto Parts
Northwest Natural Gas	NWN	61	$ 63,10	3,0	$ 1,88	Utilities	Utility-Gas
Parker-Hannifin Corp.	PH	61	$ 165,98	1,6	$ 2,64	Industrials	Industrial Equipment
Procter & Gamble Co.	PG	61	$ 90,82	3,0	$ 2,76	Consumer Staples	Consumer Products
Emerson Electric	EMR	60	$ 59,61	3,2	$ 1,92	Industrials	Industrial Equipment
3M Company	MMM	59	$ 201,17	2,3	$ 4,70	Industrials	Conglomerate
Cincinnati Financial	CINF	57	$ 76,16	2,6	$ 2,00	Financials	Insurance
Vectren Corp.	VVC	57	$ 60,11	2,8	$ 1,68	Utilities	Utility-Electric/Gas
Coca-Cola Company	KO	55	$ 45,84	3,2	$ 1,48	Consumer Staples	Beverages-Non-alcoholic
Johnson & Johnson	JNJ	55	$ 132,72	2,5	$ 3,36	Health Care	Drugs/Consumer Prod.
Lowe's Companies	LOW	55	$ 77,40	2,1	$ 1,64	Consumer Discretionary	Retail-Home Improv.
Colgate-Palmolive Co.	CL	54	$ 72,20	2,2	$ 1,60	Consumer Staples	Personal Products
Lancaster Colony Corp.	LANC	54	$ 122,62	1,8	$ 2,20	Consumer Staples	Food/Consumer Prod.
Farmers & Merchants Bancorp	FMCB	53	$ 630,00	2,1	$ 13,50	Financials	Banking
Nordson Corp.	NDSN	53	$ 127,00	0,9	$ 1,08	Industrials	Machinery
Hormel Foods Corp.	HRL	51	$ 34,17	2,0	$ 0,68	Consumer Staples	Food Processing
Tootsie Roll Industries	TR	51	$ 37,20	1,0	$ 0,36	Consumer Staples	Confectioner
ABM Industries Inc.	ABM	50	$ 44,62	1,5	$ 0,68	Industrials	Business Services
California Water Service	CWT	50	$ 38,90	1,9	$ 0,72	Utilities	Utility-Water
SJW Corp.	SJW	50	$ 52,87	1,6	$ 0,87	Utilities	Utility-Water
Stanley Black & Decker	SWK	50	$ 140,69	1,8	$ 2,52	Industrials	Tools/Security Products
Target Corp.	TGT	50	$ 56,67	4,4	$ 2,48	Consumer Discretionary	Retail-Discount

Name	Symbol	Erhöhungs lauf Jahre	Kurs	Dividenden rendite %	Dividende pro Jahr	Sektor	Branche
Commerce Bancshares	CBSH	49	$ 58,04	1,6	$ 0,90	Financials	Banking
Federal Realty Inv. Trust	FRT	49	$ 132,63	3,0	$ 3,92	REITs	REIT-Shopping Centers
Stepan Company	SCL	49	$ 82,17	1,0	$ 0,82	Materials	Cleaning Products
Connecticut Water Service	CTWS	48	$ 56,98	2,1	$ 1,19	Utilities	Utility-Water
H.B. Fuller Company	FUL	48	$ 51,52	1,2	$ 0,60	Materials	Chemical-Specialty
Altria Group Inc.	MO	47	$ 64,97	3,8	$ 2,44	Consumer Staples	Tobacco
Black Hills Corp.	BKH	47	$ 69,66	2,6	$ 1,78	Utilities	Utility-Electric
National Fuel Gas	NFG	47	$ 59,21	2,8	$ 1,66	Utilities	Utility-Gas
Sysco Corp.	SYY	47	$ 52,62	2,5	$ 1,32	Consumer Staples	Food-Wholesale
Leggett & Platt Inc.	LEG	46	$ 48,18	3,0	$ 1,44	Consumer Discretionary	Furniture/Bldg. Prod.
MSA Safety Inc.	MSA	46	$ 80,16	1,7	$ 1,40	Industrials	Medical/Safety Equip.
PPG Industries Inc.	PPG	46	$ 105,25	1,7	$ 1,80	Materials	Conglomerate
Universal Corp.	UVV	46	$ 63,95	3,4	$ 2,16	Consumer Staples	Tobacco
W.W. Grainger Inc.	GWW	46	$ 166,74	3,1	$ 5,12	Industrials	Electronics-Wholesale
Becton Dickinson & Co.	BDX	45	$ 201,40	1,4	$ 2,92	Health Care	Medical Instruments
C.R. Bard Inc.	BCR	45	$ 320,60	0,3	$ 1,04	Health Care	Medical Instruments
Computer Services Inc.	CSVI	45	$ 49,00	2,3	$ 1,12	Information Tech	Technology-Services
Kimberly-Clark Corp.	KMB	45	$ 123,16	3,2	$ 3,88	Consumer Staples	Personal Products
PepsiCo Inc.	PEP	45	$ 116,61	2,8	$ 3,22	Consumer Staples	Beverages/Snack Food
Tennant Company	TNC	45	$ 75,55	1,1	$ 0,84	Industrials	Machinery
Gorman-Rupp Company	GRC	44	$ 30,22	1,5	$ 0,46	Industrials	Machinery
Helmerich & Payne Inc.	HP	44	$ 50,62	5,5	$ 2,80	Energy	Oil&Gas
Middlesex Water Co.	MSEX	44	$ 39,24	2,2	$ 0,85	Utilities	Utility-Water
Nucor Corp.	NUE	44	$ 57,67	2,6	$ 1,51	Materials	Steel & Iron
S&P Global Inc.	SPGI	44	$ 153,59	1,1	$ 1,64	Financials	Publishing
VF Corp.	VFC	44	$ 62,19	2,7	$ 1,68	Consumer Discretionary	Apparel
Wal-Mart Stores Inc.	WMT	44	$ 79,99	2,6	$ 2,04	Consumer Staples	Retail-Discount
Consolidated Edison	ED	43	$ 82,86	3,3	$ 2,76	Utilities	Utility-Electric
RPM International Inc.	RPM	43	$ 51,87	2,3	$ 1,20	Materials	Chemical-Specialty
Telephone & Data Sys.	TDS	43	$ 28,43	2,2	$ 0,62	Telecommunications	Telecommunications
United Bankshares Inc.	UBSI	43	$ 34,50	3,8	$ 1,32	Financials	Banking
Archer Daniels Midland	ADM	42	$ 42,18	3,0	$ 1,28	Consumer Staples	Agriculture
Automatic Data Proc.	ADP	42	$ 118,91	1,9	$ 2,28	Information Tech	Business Services
Illinois Tool Works	ITW	42	$ 140,71	1,8	$ 2,60	Industrials	Machinery
RLI Corp.	RLI	42	$ 58,06	1,4	$ 0,84	Financials	Insurance
Walgreens Boots Alliance Inc.	WBA	42	$ 80,67	2,0	$ 1,60	Consumer Staples	Retail-Drugstores
McDonald's Corp.	MCD	41	$ 155,14	2,4	$ 3,76	Consumer Discretionary	Restaurants
MGE Energy Inc.	MGEE	41	$ 66,55	1,8	$ 1,23	Utilities	Utility-Electric/Gas
Pentair Ltd.	PNR	41	$ 63,07	2,2	$ 1,38	Industrials	Industrial Equipment
WGL Holdings Inc.	WGL	41	$ 85,72	2,4	$ 2,04	Utilities	Utility-Gas
Carlisle Companies	CSL	40	$ 97,59	1,4	$ 1,40	Industrials	Rubber and Plastics
Clorox Company	CLX	40	$ 133,49	2,5	$ 3,36	Consumer Staples	Cleaning Products
Medtronic plc	MDT	40	$ 83,97	2,2	$ 1,84	Health Care	Medical Devices

Name	Symbol	Erhöhungs lauf Jahre	Kurs	Dividenden rendite %	Dividende pro Jahr	Sektor	Branche
Sherwin-Williams Co.	SHW	39	$ 337,27	1,0	$ 3,40	Materials	Paints
Community Trust Banc.	CTBI	37	$ 43,20	3,1	$ 1,32	Financials	Banking
Franklin Resources	BEN	37	$ 44,76	1,8	$ 0,80	Financials	Financial Services
Eaton Vance Corp.	EV	36	$ 49,09	2,3	$ 1,12	Financials	Financial Services
Old Republic International	ORI	36	$ 19,62	3,9	$ 0,76	Financials	Insurance
Weyco Group Inc.	WEYS	36	$ 27,88	3,2	$ 0,88	Consumer Discretionary	Footwear
Air Products & Chem.	APD	35	$ 142,15	2,7	$ 3,80	Materials	Chemical-Specialty
ExxonMobil Corp.	XOM	35	$ 80,04	3,8	$ 3,08	Energy	Oil&Gas
Sonoco Products Co.	SON	35	$ 48,48	3,2	$ 1,56	Materials	Packaging
AFLAC Inc.	AFL	34	$ 79,75	2,2	$ 1,72	Financials	Insurance
Bemis Company	BMS	34	$ 42,37	2,8	$ 1,20	Materials	Packaging
Cintas Corp.	CTAS	34	$ 134,85	1,0	$ 1,33	Industrials	Business Services
AT&T Inc.	T	33	$ 39,00	5,0	$ 1,96	Telecommunications	Telecommunications
Atmos Energy	ATO	33	$ 86,76	2,1	$ 1,80	Utilities	Utility-Gas
Brown-Forman Class B	BF-B	33	$ 49,40	1,5	$ 0,73	Consumer Staples	Beverages-Alcoholic
NACCO Industries	NC	32	$ 65,60	1,7	$ 1,09	Consumer Discretionary	Machinery/Consumer
Brady Corp.	BRC	31	$ 33,20	2,5	$ 0,82	Industrials	Business Services
Donaldson Company	DCI	31	$ 47,49	1,5	$ 0,72	Industrials	Industrial Equipment
McCormick & Co.	MKC	31	$ 95,30	2,0	$ 1,88	Consumer Staples	Food Processing
T. Rowe Price Group	TROW	31	$ 82,72	2,8	$ 2,28	Financials	Financial Services
Universal Health Realty Trust	UHT	31	$ 77,46	3,4	$ 2,64	REITs	REIT-Health Care
1st Source Corp.	SRCE	30	$ 49,10	1,5	$ 0,76	Financials	Banking
Eagle Financial Services	EFSI	30	$ 29,80	3,0	$ 0,88	Financials	Banking
Mercury General Corp.	MCY	30	$ 59,89	4,2	$ 2,49	Financials	Insurance
Tompkins Financial Corp.	TMP	30	$ 78,71	2,3	$ 1,80	Financials	Banking
UGI Corp.	UGI	30	$ 50,47	2,0	$ 1,00	Utilities	Utility-Electric/Gas
Chevron Corp.	CVX	29	$ 109,19	4,0	$ 4,32	Energy	Oil&Gas
First Financial Corp.	THFF	28	$ 46,05	2,2	$ 1,00	Financials	Banking
National Retail Properties	NNN	28	$ 39,98	4,8	$ 1,90	REITs	REIT-Retail
Erie Indemnity Company	ERIE	27	$ 127,46	2,5	$ 3,13	Financials	Insurance
Jack Henry & Associates	JKHY	27	$ 107,32	1,2	$ 1,24	Information Tech	Business Services
General Dynamics	GD	26	$ 196,33	1,7	$ 3,36	Industrials	Aerospace/Defense
MDU Resources	MDU	26	$ 26,35	2,9	$ 0,77	Utilities	Utility-Gas
SEI Investments Company	SEIC	26	$ 56,51	1,0	$ 0,56	Financials	Financial Services
Aqua America Inc.	WTR	25	$ 33,38	2,3	$ 0,77	Utilities	Utility-Water
Chesapeake Financial Shares	CPKF	25	$ 27,32	1,8	$ 0,50	Financials	Banking
Ecolab Inc.	ECL	25	$ 131,67	1,1	$ 1,48	Materials	Cleaning Products
Franklin Electric Co.	FELE	25	$ 40,40	1,1	$ 0,43	Industrials	Industrial Equipment
McGrath Rentcorp	MGRC	25	$ 35,53	2,9	$ 1,04	Industrials	Business Services
People's United Financial	PBCT	25	$ 17,44	4,0	$ 0,69	Financials	Banking
UMB Financial Corp.	UMBF	25	$ 69,66	1,5	$ 1,02	Financials	Banking
West Pharmaceutical Services	WST	25	$ 88,70	0,6	$ 0,56	Health Care	Medical Instruments
Westamerica Bancorp	WABC	25	$ 54,72	2,9	$ 1,56	Financials	Banking

113

Kanada

Name	Ticker	Erhöhungs lauf Jahre	Kurs	Dividenden rendite %	Dividende pro Jahr	Sektor	Branche
Canadian Utilities	CU.TO	45	$ 39,57	3,6	$ 1,43	Utilities	Utilities - Diversified
Fortis Inc	FTS.TO	43	$ 45,46	3,5	$ 1,60	Utilities	Utilities - Regulated Electric
Canadian Western Bank	CWB.TO	25	$ 28,00	3,3	$ 0,92	Financial Services	Banks - Regional - Canada
Atco Ltd.. Cl.I.	ACO-X.TO	23	$ 46,41	2,8	$ 1,31	Utilities	Utilities - Diversified
Thomson Reuters	TRI.TO	23	$ 57,10	3,0	$ 1,38	Consumer Cyclical	Publishing
Empire Company Ltd	EMP-A.TO	22	$ 20,26	2,1	$ 0,42	Consumer Defensive	Grocery Stores
Imperial Oil	IMO.TO	22	$ 35,78	1,8	$ 0,64	Energy	Oil & Gas Integrated
Metro Inc	MRU.TO	22	$ 42,23	1,5	$ 0,65	Consumer Defensive	Grocery Stores
Canadian National Railway	CNR.TO	21	$ 98,52	1,7	$ 1,65	Industrials	Railroads
Enbridge Inc	ENB.TO	21	$ 51,68	4,7	$ 2,44	Energy	Oil & Gas Midstream
Saputo Inc.	SAP.TO	17	$ 42,26	1,4	$ 0,60	Consumer Defensive	Packaged Foods
Canadian Natural Resources	CNQ.TO	16	$ 38,13	2,9	$ 1,10	Energy	Oil & Gas Exploration & Production
SNC-Lavalin	SNC.TO	16	$ 54,91	2,0	$ 1,09	Industrials	Engineering & Construction
Transcanada Corp.	TRP.TO	16	$ 63,70	3,9	$ 2,50	Energy	Oil & Gas Midstream
Canadian REIT	REF-UN.TO	15	$ 45,11	4,1	$ 1,87	Real Estate	REIT - Diversified
CCL Industries Inc	CCL-B.TO	15	$ 59,77	0,8	$ 0,46	Consumer Cyclical	Packaging & Containers
Finning International	FTT.TO	15	$ 25,09	2,9	$ 0,73	Industrials	Industrial Distribution
Transcontinental Inc	TCL-A.TO	15	$ 25,42	3,1	$ 0,80	Consumer Cyclical	Publishing

United Kingdom

Land	Name	Symbol	Erhöhungs lauf Jahre	Kurs	Dividenden rendite %	Dividende 2016		Sektor	Index
UK	Caledonia Investments plc	CLDN	40	£ 2.873,00	1,9	£	53,20	Equity Investment Instruments	FTSE-250
UK	City of London Investment Trust plc	CTY	34	£ 432,90	3,7	£	16,05	Equity Investment Instruments	FTSE-250
UK	Diageo plc	DGE	28	£ 2.285,50	2,6	£	59,20	Beverages	FTSE-100
UK	PZ Cussons plc	PZC	28	£ 362,50	2,3	£	8,11	Personal Goods	FTSE-250
UK	Spirax-Sarco Engineering plc	SPX	28	£ 5.645,00	1,3	£	70,70	Industrial Engineering	FTSE-250
UK	Cranswick plc	CWK	28	£ 2.843,00	1,6	£	39,00	Food Producers	FTSE-250
UK	Spectris Group plc	SXS	27	£ 2.576,00	2,0	£	50,20	Electronic & Electrical Equipment	FTSE-250
UK	Rotork plc	ROR	27	£ 253,00	2,0	£	5,05	Industrial Engineering	FTSE-250
UK	Young & Co's Brewery plc	YNGA	27	£ 1.317,00	1,4	£	17,95	Travel & Leisure	AIM-100
UK	National Grid plc	NG.	25	£ 954,00	4,8	£	47,47	Gas, Water & Multiutilities	FTSE-100
UK	RPC Group plc	RPC	24	£ 887,50	2,7	£	18,80	General Industrials	FTSE-250
UK	WPP plc	WPP	24	£ 1.600,00	3,5	£	48,33	Media	FTSE-100
UK	Croda International plc	CRDA	24	£ 3.880,00	1,9	£	70,75	Chemicals	FTSE-100
UK	Next plc	NXT	24	£ 3.827,00	4,1	£	158,00	General Retailers	FTSE-100
UK	Derwent London	DLN	24	£ 2.827,00	1,9	£	44,66	Real Estate Investment Trusts	FTSE-250
UK	Halma plc	HLMA	24	£ 1.105,00	1,2	£	12,81	Electronic & Electrical Equipment	FTSE-250
UK	Bunzl plc	BNZL	23	£ 2.278,00	1,8	£	39,25	Support Services	FTSE-100
UK	Vodafone Group plc	VOD	22	£ 226,00	5,3	£	11,82	Mobile Telecommunications	FTSE-100
UK	James Fisher and Sons plc	FSJ	22	£ 1.606,00	1,5	£	24,55	Industrial Transportation	FTSE-250
UK	J. Smart & Co. plc	SMJ	22	£ 110,50	2,8	£	3,07	Construction & Materials	FTSE-FL
UK	Interserve plc	IRV	20	£ 234,75	3,5	£	24,50	Support Services	FTSE-250
UK	Ultra Electronics Holdings plc	ULE	20	£ 2.022,00	2,4	£	46,50	Aerospace & Defense	FTSE-250
UK	Highcroft Investments plc	HCFT	20	£ 927,50	4,3	£	39,50	Real Estate Investment Trusts	FTSE-FL
UK	Mears Group plc	MER	20	£ 485,00	2,3	£	11,20	Support Services	FTSE-A/S
UK	Dewhurst plc	DWHT	20	£ 687,50	1,5	£	10,00	Electronic & Electrical Equipment	AIM-A/S
UK	The Bankers Investment Trust plc	BNKR	19	£ 615,00	2,2	£	16,40	Equity Investment Instruments	FTSE-250
UK	Carillion plc	CLLN	18	£ 59,95	35,3	£	21,05	Support Services	FTSE-250
UK	British American Tobacco plc	BATS	17	£ 5.485,00	3,1	£	155,90	Tobacco	FTSE-100
UK	A.G. BARR plc	BAG	17	£ 596,00	2,4	£	13,50	Beverages	FTSE-250
UK	Bloomsbury Publishing plc	BMY	17	£ 180,00	3,6	£	6,44	Media	FTSE-A/S
UK	Invesco Income Growth Trust plc	IVI	17	£ 301,75	3,5	£	10,40	Equity Investment Instruments	FTSE-A/S
UK	Diploma plc	DPLM	17	£ 1.072,00	1,9	£	20,00	Support Services	FTSE-250
UK	SSE plc	SSE	17	£ 1.473,00	6,2	£	89,40	Electricity	FTSE-100
UK	Domino's Pizza Group plc	DOM	16	£ 281,00	2,8	£	7,42	Travel & Leisure	FTSE-250
UK	Victrex plc	VCT	16	£ 1.920,00	2,5	£	46,82	Chemicals	FTSE-250
UK	Compass Group plc	CPG	16	£ 1.610,00	2,0	£	30,20	Travel & Leisure	FTSE-100
UK	Primary Health Properties plc	PHP	16	£ 114,00	4,5	£	5,12	Real Estate Investment Trusts	FTSE-A/S
UK	RPS Group plc	RPS	15	£ 266,25	3,7	£	9,74	Support Services	FTSE-250
UK	Capita plc	CPI	15	£ 674,00	4,7	£	32,30	Support Services	FTSE-100
UK	Genus plc	GNS	15	£ 1.759,00	1,2	£	21,40	Pharmaceuticals & Biotechnology	FTSE-250
UK	Pennon Group plc	PNN	15	£ 824,00	4,4	£	33,58	Gas, Water & Multiutilities	FTSE-250

Spanien

Name	Symbol	Erhöhungs lauf Jahre	Kurs	Dividenden rendite %	Dividende 2016
Abertis	ABE	29	16,75 €	4,36	0,73 €
Red Eléctrica	REE	17	18,90 €	4,54	0,86 €
Catalana Occidente	GCO	17	36,56 €	1,92	0,70 €
Vidrala	VID	16	66,20 €	1,21	0,80 €
Ebro Foods	AZU	15	19,99 €	2,85	0,57 €
Prosegur	PSG	15	5,50 €	2,01	0,11 €
Inditex	ITX	15	33,40 €	2,04	0,68 €
Enagas	ENAG	14	24,60 €	5,65	1,39 €
Viscofán	VIS	14	50,78 €	2,86	1,45 €
Miquel y Costas	MCM	11	31,00 €	1,57	0,49 €
Técnicas Reunidas	TRE	11	28,59 €	4,88	1,40 €

Deutschland

In Deutschland sind es gerade einmal sechs Unternehmen, die ihre Dividende mindestens 10 Jahre lang erhöht haben. Aus diesem Grund habe ich noch diejenigen ergänzt, die mindestens eine gleichbleibende Dividende gezahlt haben.

Land	Name	Symbol	Erhöhungs lauf Jahre	Höher oder gleich Jahre	Kurs	Dividenden rendite %	Dividende 2016
DE	Fresenius	FRE	17	17	76,07 €	0,82	0,62 €
DE	Fresenius Medical Cā	FME	17	17	84,86 €	1,13	0,96 €
DE	Fuchs Petrolub Vz.	FPE3	14	17	49,53 €	1,80	0,89 €
DE	Stratec Biomedical	SBS	14	14	60,64 €	1,27	0,77 €
DE	Fielmann AG	FIE	12	16	70,48 €	2,55	1,80 €
DE	Paul Hartmann	PHH2	12	17	440,00 €	1,59	7,00 €
DE	Grenke Leasing	GLJ	8	16	195,50 €	0,90	1,75 €
DE	VIB Vermögen AG	VIH	8	11	21,20 €	2,59	0,55 €
DE	Bayer	BAYN	7	13	117,75 €	2,29	2,70 €
DE	Bechtle	BC8	7	12	113,65 €	1,32	1,50 €
DE	Henkel Vz	HEN3	7	17	125,75 €	1,29	1,62 €
DE	Linde	LIN	7	17	175,85 €	2,10	3,70 €
DE	MBB Industries	MBB	7	11	108,00 €	1,13	1,22 €
DE	Symrise	SY1	7	10	63,64 €	1,34	0,85 €
DE	CTS Eventim	EVD	5	12	39,00 €	2,51	0,98 €
DE	Dt. Euroshop	DEQ	5	16	37,43 €	3,74	1,40 €
DE	Munich RE	MUV2	5	17	174,00 €	4,94	8,60 €
DE	MTU Aero Engines	MTX	3	12	126,80 €	1,50	1,90 €
DE	Siemens	SIE	3	15	126,90 €	2,84	3,60 €
DE	Software AG	SOW	3	13	42,49 €	1,41	0,60 €
DE	USU Software	OSP2	3	11	26,11 €	1,53	0,40 €
DE	Hamborner Reit	HAB	2	16	9,46 €	4,55	0,43 €
DE	Axel Springer	SPR	1	15	56,09 €	3,39	1,90 €
DE	Fraport	FRA	1	14	75,29 €	1,99	1,50 €
DE	Frosta	NLM	1	13	68,20 €	2,20	1,50 €
DE	Baywa	BYW6	0	17	32,05 €	2,65	0,85 €
DE	Eurokai	EUK3	0	14	41,94 €	3,58	1,50 €
DE	GFT Technologies	GFT	0	10	20,14 €	1,49	0,30 €
DE	MVV	MVV1	0	17	22,85 €	3,94	0,90 €
DE	OHB	OHB	0	13	26,45 €	1,51	0,40 €

5 Anfängerfehler

#1 Du fängst nicht an

„Unser größter Ruhm ist nicht, niemals zu fallen,
sondern jedes Mal wieder aufzustehen."
-Ralph Waldo Emerson

Einer der häufigsten Fehler bei dem privaten Vermögensaufbau ist es, gar nicht erst damit anzufangen. Es gibt immer tausende Gründe, etwas nicht zu tun. Gerade der Vermögensaufbau ist heutzutage, in Zeiten unsicherer Rente, aber wichtiger denn je!

Selbst wenn Du nur einen lächerlich kleinen Betrag zum Anlegen hast und die Transaktionskosten ihn zunächst auffressen - Du solltest trotzdem damit beginnen, zu investieren.

Erstens fängst Du an, ab diesem Zeitpunkt eigene Erfahrungen zu sammeln. Je früher Du Dich mit den Zusammenhängen und Funktionsweisen auseinandersetzt, desto besser. Selbst eine Schildkröte kommt irgendwann ans Ziel, wenn sie nur die richtige Richtung einschlägt. Selbst wenn Du nur eine Aktie kaufst, wirst Du ihren Kursverlauf verfolgen und dazu lernen. Vielleicht machst Du dann auch schon eine Krise mit, die unser Finanzsystem unweigerlich hervorbringt.

Zweitens machen wir alle Fehler. Nur so lernen wir etwas dazu. Wie haben wir das Laufen gelernt? Wir sind Wochen lang hingefallen und auf dem Boden gerobbt, bis wir es geschafft haben. Erst zu warten, eine bestimmte Summe angespart zu haben erhöht nur die Fallhöhe. Mache die Fehler, die Du zum „Laufen lernen" machen musst, lieber mit geringen Beträgen, als später mit hohen.

Drittens lässt Du den Zinseszins-Effekt oder auch überhaupt nur Dein Geld früher für Dich arbeiten, je früher Du investiert bist. Dadurch, dass Du Dein Geld anlegst, anstatt es zu konsumieren oder zu sparen, fängt dieses bereits an, zusätzliches Geld für Dich zu generieren. Ohne Dein Zutun. Ein Schritt in Richtung finanzielle Freiheit.

#2 Du reinvestierst nicht

„Ein Problem ist halb gelöst, wenn es klar formuliert ist."
-John Dewey

Du bist in Dividendenaktien investiert und reinvestierst die ausgeschüttete Dividende nicht, sondern konsumierst sie oder Du wartest zu lange, bis Du „eine passende Investmentmöglichkeit" gefunden hast.

Jeder Tag nach Dividendenzahlung, der verstreicht, verwässert den Zinseszins-Effekt. Zwar bleiben für gewöhnlich auch Gewinne in den Unternehmen, die nicht ausgeschüttet werden, doch der Wachstumseffekt Deines Vermögens ist umso stärker, je mehr Geld (Investitionen) zusätzliches Geld erzeugen.

Deshalb ist es so wichtig, dass Du eine konkrete Dividendenstrategie hast. Sprich, Du überlegst Dir schon im Vorhinein, was Du mit der Dividende anstellen willst. Das kann eine regelbasierte Strategie wie die *Dogs of the Dow* sein oder einfach nur ein Stichtag, an dem Du aussichtsreiche Investitionsmöglichkeiten eruierst. Du könntest auch die Dividende hernehmen, um Dein Portfolio zu „rebalancen".

#3 Du guckst ständig auf die Kurse

„Die stillstehende Uhr, die täglich zweimal die richtige Zeit anzeigt,
blickt nach Jahren auf eine lange Reihe von Erfolgen zurück."
Marie von Ebner-Eschenbach

Wenn Du nicht gerade professioneller Daytrader bist, dann kostet es Dich sehr wahrscheinlich mehr Nerven, als dass es Dir irgendeinen Zugewinn bringt. Es ist zwar gut, regelmäßig nach seinen Investitionen zu schauen, jedoch sind die meisten Aktienkurse nun einmal sehr volatil. Das haben Aktien an sich.

Nachrichten beeinflussen meistens den Aktienkurs. Fieberst Du bei jeder kleinen Bewegung mit und wirst erschüttert, wenn es einmal bergab geht, dann kontrollieren die Kurse Deine Gefühle. Investiere lieber von vornherein so, dass Du eben nicht täglich schauen musst. Wenn es sich nicht gerade um absolutes Risikokapital handelt, solltest Du bei Deinen gemachten Investitionen gut schlafen können, weil Du weißt, dass sie gut sind.

Darüber hinaus verleitet das ständige Schauen zum vorschnellen Handeln, welches Du schon bald bereuen könntest.

#4 Du reflektierst nicht

„Wer aufhört zu lernen, ist alt.
Er mag zwanzig oder achtzig sein."
-Henry Ford

Eine Sache ist es, nicht täglich auf die Aktiencharts zu schauen, aber eine ganz andere, wenn Du Dich überhaupt nicht um Deine Investitionen kümmerst.

Am besten Du schreibst Dir schon beim Kauf mit auf, warum Du die jeweilige Aktie gekauft hast. Dann kannst Du regelmäßig, ein bis mehrmals im Jahr, den Faktencheck machen, also den Erfolg oder Misserfolg Deiner Investitionen beobachten. Dabei ist es wichtig, dass Du versuchst zu verstehen, warum die eine oder andere Entwicklung stattgefunden hat.

Du kannst für einen Performancevergleich die Entwicklung des Vergleichsindexes oder die, ähnlicher Unternehmen der Branche, zu Rate ziehen. Natürlich ist es kein Beinbruch, wenn sich ein Investment einmal kurzfristig nicht wie gewünscht entwickelt. Du solltest Dir dann immer die Frage stellen: Ist es ein kurzfristiger Trend oder ist etwas fundamental mit dem Unternehmen verkehrt?

#5 Du investierst ohne Recherche

„Risiko entsteht dann, wenn Anleger nicht wissen, was sie tun."
-Warren Buffet

Mal ganz ehrlich: Wie viele Stunden musst Du arbeiten, um €100,- zu verdienen? Wie sieht es mit €1.000,- und €10.000,- aus?

Um mehrere tausend Euro zu sparen musst Du wahrscheinlich über mehrere Monate Tag ein Tag aus stundenlang arbeiten und gleichzeitig einen Konsumverzicht in gleicher Höhe vollbringen. Nur damit Du dann eine Investitionsentscheidung innerhalb von zehn Minuten triffst?

Eine der schlimmsten Dinge, die Du mit Deinem Geld machen kannst, ist es, es sorgfaltslos zu behandeln. Respektiere es, denn es spiegelt Deinen Arbeits- und Zeitaufwand von Monaten wider – Deine begrenzte Lebenszeit!

Tue Dir selbst einen Gefallen und informiere Dich vor einer Investition vernünftig. Ziehe verschiedene Quellen mit unterschiedlichen Standpunkten zu Rate und spreche mit Personen über Deine Investitionsideen. Ganz nach dem Motto von John D. Rockefeller:

„Es ist besser, einen Tag im Monat über sein Geld
nachzudenken, als einen ganzen Monat dafür zu arbeiten."

Die falsche Anlageentscheidung zu vermeiden kann Dir unter Umständen Jahre Deines Lebens schenken. Überprüfe bei jeder Investition, welche Gründe der Verkäufer, den es ja zu jeder Transaktion geben muss, hat, den Titel gerade jetzt zu verkaufen. So vermeidest Du, dass Du der selektiven Wahrnehmung verfällst und Dir Deine eigenen Ideen „schönredest", während Du konträre Meinungen unterbewusst ausblendest.

Fazit

„Denke immer daran, dass Deine eigene Entschlossenheit,
erfolgreich zu sein, wichtiger ist als alles andere."
- Abraham Lincoln

Wer sich um seine finanzielle Bildung kümmert, der kann bessere finanzielle Entscheidungen treffen. Dabei sind Aktieninvestitionen kein Hexenwerk, sondern eine tolle Möglichkeit, an der Produktivität und dem wirtschaftlichen Wachstum von renommierten Unternehmen teilzuhaben.

Vergiss auf Deinem Weg dabei nicht, dass das „Fehler machen" eine ganz natürliche Sache ist und zum Lernprozess dazugehört. Lass Dich von Talfahrten an der Börse nicht entmutigen, sondern akzeptiere sie als einen innewohnenden Teil der Aktienmärkte.

Mache es wie meine Großeltern, die stets tatkräftig gearbeitet haben, aber gleichzeitig viel sparten. Das eigene Geld gewinnbringend anzulegen ist ein motivierender Prozess und bedeutet für Dich ein Stück finanzielle Freiheit.

Mein Großvater hat mit Sicherheit nicht immer die richtigen Anlageentscheidungen getroffen, doch ist er kontinuierlich am Ball geblieben. Er hat sich von seinen finanziellen Zielen von niemandem abbringen lassen.

Ich wünsche mir, dass ich Dir mit dieser Lektüre helfen kann, Deinen eigenen finanziellen Weg mit Investitionen in Aktien zu gehen. Dass es Dir die Sicherheit gibt, aktiv an Deiner eigenen finanziellen Freiheit zu arbeiten.

Ich wünsche Dir, dass Du die Fehler, die Du machen musst, möglichst früh machst und dass Du mittel- bis langfristig vom Erfolg an der Börse partizipierst.

Als kleine Zusatzmotivation habe ich für alle Leser dieses Buches eine geschlossene Facebook-Gruppe eingerichtet. Dort kannst Du Dich mit anderen Gruppenmitgliedern austauschen, ihr könnt Euch gegenseitig helfen und unterstützen. Du findest Sie, wenn Du im Suchfeld *Einmal Dividende bitte! Community für Aktien-Investoren* eingibst.

Für Deinen finanziellen Erfolg und langfristigen Vermögensaufbau wünsche ich Dir alles erdenklich Gute!

Dein Jens

Konntest Du etwas lernen?

Wenn Du irgendetwas aus diesem Buch mitnehmen konntest, würde ich Dich bitten, mir ebenfalls einen Gefallen zu tun: Entweder, indem Du das Buch weiterempfiehlst, ein Exemplar verschenkst oder eine kurze Bewertung auf Amazon hinterlässt.

Du kannst eine Bewertung auf der Amazon-Produktseite hinterlassen unter *„Einmal Dividende bitte!"*, indem Du auf „Kundenrezension verfassen" klickst. Das dauert keine 2 Minuten, hilft mir und anderen Lesern aber enorm.

Ich lese wirklich jede Bewertung und jedes persönliche Feedback (jens@indie-bücher.de). Das hilft mir enorm dabei, meine Bücher stetig zu verbessern. Daher wäre ich Dir sehr dankbar, wenn Du dieses Buch offen und ehrlich bewertest.

Vielen herzlichen Dank für Deine Unterstützung!

Über den Autor

Jens Helbig wurde 1987 in Schwelm in Nordrhein-Westfalen geboren. Während seines Studiums der Volkswirtschaftslehre in Mexiko-Stadt verfasste er im Alter von 26 Jahren seine ersten beiden Bestseller: „Tag auf Tag im Hamsterrad" sowie „Der Hamster verlässt das Rad".

Im Verlauf seiner Reisen in über 30 Länder dieser Erde durfte Jens Helbig diverse Kulturkreise mit ihren differenzierten Sichtweisen kennenlernen. Sein stetiger Wissensdurst, den eigenen Horizont zu erweitern, spiegelt sich auch in seiner vielseitigen Arbeitserfahrung wieder, der er unter anderem als Journalist in Los Angeles, Farmarbeiter in Australien, Deutsch- und Englischlehrer in Mexiko-Stadt und als Portfoliomanager in Deutschland nachging. Der glückliche Familienvater bringt eine facettenreiche Lebenserfahrung in seine Bücher mit ein.

Stets offen für Feedback und Rückfragen kann der Autor über die E-Mail-Adresse jens@indie-bücher.de schnell und unkompliziert erreicht werden.

Die Bücher von Jens Helbig sind erhältlich auf:
http://amzn.to/2u5zycq *

Lesenswerte Literaturempfehlungen

Fast alle erfolgreichen Menschen lesen regelmäßig, viele davon jeden Tag. Aus diesem Grund möchte ich Dir die folgenden bekannten und lesenswerten Bücher zum Thema Finanzen und Investieren ans Herz legen. Mir selbst macht es Spaß die neuen Aspekte und Standpunkte kennenzulernen und den Mehrwert für das eigene Leben und die eigenen Entscheidungen zu entdecken.

Die besten Anlagestrategien aller Zeiten (James P. O'Shaughnessy)

Invest Like the Best (James P. O'Shaughnessy)

Beating The Dow Revised Edition (Michael B. O'Higgins)

Die Kunst, über Geld nachzudenken (André Kostolany)

Börsenstars und ihre Erfolgsrezepte (Ulrich W. Hanke)

Investieren statt Verlieren (Kolja Barghoorn)

Cool bleiben und Dividenden kassieren (Heussinger und Röhl)

Rich Dad Poor Dad (Robert Kiyosaki)

Denke nach und werde reich (Napoleon Hill)

Der reichste Mann von Babylon (George Clason)

Die 4-Stunden Woche (Timothy Ferriss)

Der Weg zur finanziellen Freiheit (Bodo Schäfer)

Cashkurs (Dirk Müller)

Money (Tony Robbins)

Intelligent Investieren (Benjamin Graham)

Was zählt. (Jack Welch)

Business Adventures (John Brooks)

Der Finanz-Code (Howard Marks)

Haftungsausschluss und Angaben nach §34b WpHG

28122125R00078

Printed in Poland
by Amazon Fulfillment
Poland Sp. z o.o., Wrocław